# 개혁주의 복음전도와 양육

개혁주의 복음전도와 양육

대한예수교장로회총회

발간사

　21세기를 맞은 한국 교회의 양적인 급성장에 대해서는 경이와 찬사를 보내고 있으나 질적인 면에서는 성숙도가 부족하다고 우려하는 소리가 크게 들려옵니다. 성도가 1,200만 명이나 되는 한국 교회가 세상에서 빛과 소금의 직분을 감당하지 못하여 겪는 부끄러움과 고통을 얼마나 더 견뎌야 하겠습니까? 이제부터라도 모든 성도가 내적으로 성숙한 삶을 살도록 온 교회가 교육 문제에 큰 관심을 갖고 준비하는 자세가 필요합니다.

　하나님의 일꾼으로 부름받은 교사들이 사명의 막중함을 깨닫고 교사로서 본분을 감당할 때, 성도들이 온전한 삶과 헌신적인 봉사의 일을 감당할 수 있을 뿐 아니라 그리스도의 몸을 세우는 삶을 살 수 있습니다(엡 4:11~13). 위대한 교사이신 예수님을 본받아 배우고 지키는 삶의 모습이 이 땅 구석구석까지 나타나 어두운 부분을 밝게 하며 능동적으로 부패를 막고 궁극적으로는 복음으로 이 땅을 구원하는 역사를 일으켜야 합니다.

　이런 관점에서 총회 교육부가 기획한 '교사들을 위한 기독교 교육총서 시리즈'는 개혁주의 신앙에 근거한 신학을 정립하고, 훌륭한 교사로서 자라나는 세대를 하나님의 선한 일꾼으로 교육하는 데 크게 도움이 될 것입니다. 뿐만 아니라 개교회 및 노회에서 주일학교 교사들을 교육시키는 데도 꼭 필요합니다. 그래서 2007년에 새로 개정된 주교교사 통신대학 교재로 이 시리즈를 선정하였습니다.

과목으로는 1과정 준교사 양성 교육과정에서 「기독교 교육학 개론」, 「교사론」, 「기독교 교육사」, 「예배와 교육」, 「기독교 교육철학」, 「창의적인 기독교 교육방법」, 「기독교 심리학」을 다루었고, 2과정 정교사 양성 교육과정에는 「기독교 가정교육」, 「유아교육」, 「기독교 어린이 교육」, 「청소년교육」, 「기독교 교육과정」, 「기독교 교육상담」, 「교수매체 이론과 방법」을 배정하였습니다. 마지막 3과정 교사리더십 양성과정은 「청지기론」, 「제자훈련의 이론과 실제」, 「기독교 교육행정」, 「기독교 교육과 윤리」, 「종교개혁자의 신앙교육」, 「교회음악학」, 「성경해석과 성경교수학」, 「성경학교 교육론」, 「개혁주의 복음전도와 양육」 등으로 분류하였습니다. 집필진도 해당과목을 전공한 교수를 위주로 선정하였습니다.

본서를 통하여 주일학교 교사들이 이 시대에 꼭 필요한 교회 지도자로 쓰임받는 일꾼들이 되기를 바랍니다. 집필에 참여해주신 여러 교수님과 목사님, 좋은 교재를 만들기 위하여 기획 및 편집에 수고한 총회교육개발원 직원들에게 진심으로 감사를 드립니다. 이 책을 대하는 교사들과 모든 분들께 주님의 풍성한 은총이 함께하기를 기원합니다.

2010년 3월
교육부장

저자 서문

예수 그리스도의 심장으로 아비처럼, 어미같이

오늘날 성도들은 말씀의 홍수 속에 살고 있다 해도 과언이 아니다. 실제로 홍수 때에는 흙탕물로 인해 마실 물이 없는 것처럼, 말씀의 홍수 속에서 여러 모양으로 바른 말씀의 선포가 있음에도 불구하고 이단 교리들이 지역, 교단과 직분에 관계없이 속속들이 우리를 공격하고 있다. 하나님 말씀의 바른 기초교리가 세워지지 않은 상황에서는 바른 신앙이 흔들리게 되고 교회를 세우기보다는 어지럽히게 된다. 초대교회 집사들은 잡무를 하도록 세웠음에도 불구하고 성령이 충만했고, 말씀의 사역도 탁월하게 감당했다. 따라서 말씀을 가르치고 제자를 양육하는 교사가 먼저 말씀을 바르게 배워야 이것이 다른 연약한 영혼들에게 전달되어 또 다른 말씀의 사람을 일으킬 수 있다.

전도는 우리의 생명과 같은 교회의 핵심사역이다. 이것을 깊이 깨달은 사도 바울은 복음을 증언하는 일을 마치려 함에 자신의 생명도 아끼지 아니하려 했다(행 20:24). 교회의 생명은 전도에 있다. 전도하면 교회가 존재하고 전도하지 않으면 교회는 존재하지 않는 것이다. 복음전도란 불타는 마음으로 복음의 증인이 되고, 제자를 삼는다는 뚜렷한 목적으로 가르치고 전하는 것이다. 여기서 우리는 전도의 긴박성을 느낀다. 예수님께서는 공생애 사역을 전도로 시작하셨고, 전도명령으로 마치셨다.

개혁주의 신앙의 특징은 하나님 중심과 말씀 중심, 교회 중심의 삶이다. 이 교재를 통해 먼저 교사 자신이 주님의 주재권을 삶의 전 영역에서 인정하고 말씀을 묵상하며 적용하는 삶을 살아야 한다. 이 책은 기본적인 삶으로 수레바퀴의 삶을 소개하였다. 이를 통해 독자들은 바른 제자도를 정립하여 가정과 직장, 지역사회에서 그리스도의 영향력을 끼치는 삶을 살고 개혁주의의 참된 영성을 배워 전인격적이며 총체적인 삶으로 나타나도록 애써야 할 것이다. 또한 전도와 양육은 생명의 출생과 성장의 관계처럼 긴밀하게 연결되어 있다. 성장과 성숙이 멈춘 것은 어딘가에 문제가 있다는 것이다. 많은 성장과 성숙을 이루려면 기초가 튼튼해야 한다. 영적 성장도 같은 원리가 적용된다. 영적 성장의 기초를 바르고 튼튼하게 할 때 더 건강하고 바르게 성장할 수 있다. 우리는 하나님의 교회를 건강하고 힘 있는 교회로 세우는 일에 모든 힘을 모아야 할 것이다.

2010년 3월
박인식 목사

차례

저자 서문 ••• 6

제1부 개혁주의 복음전도

1장 복음전도의 성경적 원리 ••• 12
2장 사영리 복음전도 방법 ••• 24
3장 다리 예화 복음전도 방법 ••• 39
4장 국제 전도폭발 Ⅲ 전체 복음제시 방법 ••• 46
5장 관계중심 전도 ••• 59
6장 직장(학원) 선교의 비전과 전략 ••• 72
7장 개혁주의 복음제시 방법과 평가 ••• 80

제2부 개혁주의 양육

8장	양육 원리와 실제	••• 92
9장	일대일 사역(양육)	••• 103
10장	소그룹의 중요성	••• 111
11장	영적 성장	••• 121
12장	성경묵상의 적용과 실제	••• 129
13장	기본적인 삶	••• 137
14장	주재권	••• 144
15장	제자도	••• 155
16장	하나님의 인도	••• 167
17장	제자훈련의 핵심적 적용	••• 172
18장	성경적 세계관과 적용	••• 181
19장	참된 영성의 추구	••• 191

참고문헌 ••• 205

오직 성령이 각 성에서 내게 증언하여
결박과 환난이 나를 기다린다 하시나 내가 달려갈 길과
주 예수께 받은 사명 곧 하나님의 은혜의 복음을 증언하는 일을
마치려 함에는 나의 생명조차 조금도 귀한 것으로 여기지 아니하노라
(행 20:23~24)

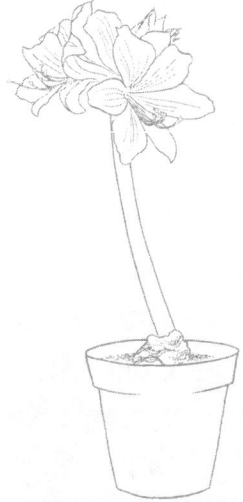

제1부

··· 개혁주의 복음전도

제1장 복음전도의 성경적 원리
제2장 사영리 복음전도 방법
제3장 다리 예화 복음전도 방법
제4장 국제 전도폭발(Ⅲ) 복음제시 방법
제5장 관계중심 전도
제6장 직장(학원) 선교의 비전과 전략
제7장 개혁주의 복음제시 방법과 평가

제1장
복음전도의 성경적 원리

예수께서 나아와 말씀하여 이르시되 하늘과 땅의 모든 권세를 내게 주셨으니 그러므로 너희는 가서 모든 민족을 제자로 삼아 아버지와 아들과 성령의 이름으로 세례를 베풀고 내가 너희에게 분부한 모든 것을 가르쳐 지키게 하라 볼지어다 내가 세상 끝날까지 너희와 항상 함께 있으리라 하시니라(마 28:18~20)

복음은 헬라어 '유앙겔리온(εὐαγγέλιον, evangelism)'에서 온 말로 '기쁜 소식'을 뜻한다. 고전적 헬라어에서 이 단어는 적군과의 싸움에서 이겼다는 '승리의 소식'을 가리키기도 했다. 그러나 신약성경의 저자들은 이 단어를 헬라 사상적 배경이 아닌 구약의 배경에서 사용했다.

'유앙겔리온'에 대응하는 히브리어 '베소라(besorah)'는 구약에서 모두 여섯 번 사용되었는데, 일반적으로 '좋은 소식'(삼하 18:20, 25, 27; 왕하 7:9) 또는 '좋은 소식에 대한 보상'(삼하 4:10, 18:22)이라는 이중의 뜻이 있다. 그러나 점차 종교적 의미가 첨가되어 시편과 이사야서 후반부에서 '베소라'는 '바사르(basar)'라는 동사형으로 장차 메시아를 통해 이루어질 구원의 기쁜 소식을 가리키게 되었다(시 40:10, 96:2; 사 41:27, 52:7, 61:1). 그리하여 복음은 일반적으로 구약이 예언한 메시아, 곧 예수 그리스도를 통하여 이루어지는 하나님의 구원에 대한 기쁜 소식을 의미하게 되었다.

구약과 신약, 기독교의 전 역사가 지향하는 것은 하나님의 나라며 이 나라를 위해서 복음전도는 필수적인 요소다.

복음전도가 아닌 것

복음전도는 우리가 하는 모든 것은 아니다. 죄인인 한 사람이 마음 문 앞에 서서 다른 죄인에게 복음을 똑똑히 직면시켜주기 전까지 그는 결코 복음을 전한 것이 아니다. 사람들은 단순히 교회에 나와 교인이 되는 것이 아니다. 복음전도는 단순히 새로운 종류의 활동에 사람들을 인도하는 것이 아니다.

전도는 세상을 구원하시는 하나님의 지혜며 하나님의 능력이다. 하나님께서는 어리석고 미련한 방법인 전도를 통해 세상을 구원하기를 기뻐하셨다(고전 1:21). 그런데 우리는 왜 전도에 무관심한가? 전도는 사탄이 소유하고 있는 것을 찾아오는 것이므로 거저 되는 것이 아니다. 전도는 사탄과의 영적 전쟁이므로, 구체적이고 성경적인 원리와 전략이 있을 때 은혜 속에서 지속적으로 가능한 일이 된다. 주님의 제자들에게 위임된 궁극적인 사명은 예수님을 증거하는 것이다. 오늘날 많은 교회는, 교회가 세상을 위해 존재한다는 사실을 지나치게 소극적으로 생각하고 있다.

전도는 지상 명령이고 교회의 가장 중요한 일이므로 전도의 성경적 근거를 알고 있는 것이 중요하다. 성경은 언제 누구에게 어떻게 무엇을 전해야 할지를 가르쳐주고 있다(요 5:39, 20:30~31). 성경은 구원의 주체가 하나님이심을 분명히 가르친다(롬 10:9). 하나님께서는 때가 차자(갈 4:4~5) 독생자 예수 그리스도를 보내셨고, 예수님은 하나님의 말씀에 순종하여 고난을 받고 십자가에서 죽으심으로 유일한 구원의 다리(Bridge)가 되셨다(요 14:6; 행 4:12). 하나님께서는 예수 그리스도를 주로 시인하게 하시는 성령의 역사(롬 10:9; 고전 12:3)와 보혜사 성령을 통하여 참된 복음을 알고 담대히 복음을 증거하도록 능력과 지혜를 주신다(행 1:8; 고전 2:4).

복음서와 사도행전에 기록된 제자들의 사역은 전도에 필요한 통찰력뿐만 아니라 다양한 모델을 우리에게 제공한다. 예수님의 제자들과 초대교회 사도 및 일꾼들을 통해 나타난 성령의 역사는 지금도 동일하게 전 세계적으로 나타나고 있다(행 28:31).

마이클 그린은 「현대 전도학」에서 복음전도를 세 가지로 정의하였다.

첫째, 복음전도는 흘러넘침이다. 예수님에 대한 기쁨으로 충만하여 물이 가득 차 흘러넘치는 욕조처럼 확실하게 흘러넘치는 사람에 대한 정확한 뉘앙스를 전달한다는 것이다.

둘째, 19세기 영국의 유명한 설교자며 복음전도자인 스펄전의 말로 여겨지는 한 어구다. 그는 복음전도에 대해 "한 거지가 다른 거지에게 빵을 얻는 곳을 알려주는 것"이라고 정의를 내린다.

셋째, 복음전도에 대해 가장 포괄적이며 가장 넓은 찬동을 얻은 정의는 영국의 대주교 윌리엄 템플의 말이다. 그는 "복음전도란 성령의 능력으로 예수 그리스도를 소개하여 사람들이 그리스도를 통해 하나님을 신뢰하고, 그리스도를 자신들의 구주로 영접하고, 하나님의 교회에서 교제하고, 그리스도를 그들의 왕으로 섬기도록 하는 것이다"라고 말했다.

1974년 로잔 회의에서는 "복음전도란 예수 그리스도께서 우리의 죄를 위해 죽으시고 성경에 따라 죽은 자 가운데서 부활하심을 믿고 회개하는 모든 사람에게 죄 사함과 성령의 자유케 하는 선물을 주신다는 좋은 소식을 전파하는 것"이라고 정의했다. 또한 "전도 자체는 사람들로 하여금 인격적으로 하나님께 나아와 하나님과 화목하도록 설득할 목적으로 역사적, 성경적 그리스도를 구주와 주로 선포하는 것이다. 구원을 초청하는 일에서 우리는 제자가 되는 데 치러야 할 대가를 숨길 수 있는 자유가 없다. 전도의 결과에는 그리스도에 대한 순종, 그의 몸에 소속됨, 세상에서의 책임 있는 봉사 등이 포함된다"고 덧붙였다.

타이타닉호가 침몰한 지 4년 후, 한 젊은이가 어느 모임에서 이렇게 간증했다.

"저는 그때 타이타닉호에 타고 있었습니다. 파편을 붙잡고 표류하는 내 곁으로 존 하퍼 씨가 표류해왔습니다. 그는 내게 물었어요. '예수 그리스도를 믿습니까?' 나는 '아니오'라고 대답했지요. 그는 숨을 헐떡이며 매우 갈급한 목소리로 말했습니다. '예수 그리스도를 믿으시오. 그러면 구원을 받을 것입니다.' 그는 말을 마치고 파도에 휩쓸렸습니다. 그런데 잠시 후 파도에 잠겼던 그가 물 위로 떠올랐습니다. 그리고 다시 묻더군요. '이제는 그리스도를 믿습니까?' 나는 같은 대답을 했습니다. '아니오.' 그러나 저는 존 하퍼 목사의 마지막 피전도자였습니다."

청년은 구출된 후 독실한 신자가 됐다. 그의 간증은 많은 사람들을 감동시켰다. 죽음을 앞에 두고 마지막까지 영혼을 구원한 존 하퍼 목사로 인해 수많은 사람들이 예수 그리스도를 영접했다. 참 진리는 죽음 앞에서 더욱 찬란한 빛을 발한다.

전도의 내용은 복음이다. "복음은 모든 믿는 자에게 구원을 주시는 하나님의 능력이 됨이라"(롬 1:16) 하고 성경은 말씀한다. 복음이란 하나님의 아들 우리 주 예수 그리스도와 성령의 사역이다. 성령은 예수 그리스도를 믿어 순종하게 하고, 성령을 통한 거룩함에 이르게 하며, 그 복음을 선포하고 가르치고 치유하며 온전하게 성장하게 하신다.

구약과 복음전도

구약은 여러 이방인에 대한 복음의 축복이 신약에 비해 적은 부분에서 다루어진다. 하나님께서는 이스라엘을 선택하여 그들과 계약 관계를 맺고 구속사를 진행하셨다. 그러나 하나님은 이스라엘 백성뿐만 아니라 온 우주의 하나님으로 모든 민족이 구원을 받아 하나님과 교제하기를 아담의 범죄 이전부터 계획하셨다(창 1:27~28). 범죄 이후에도 하나님께서 이스라엘 민족을 선택하신 목적은 이스라엘 백성들로 하여금 하나님의 구원 계획을 온 세상 모든 족속에 전하게 하시려는 것이었다. 하나님의 계획에 따라 부름 받은 이스라엘은 오히려 악을 행하고 불순종함으로 하나님의 진노 아래 놓이게 되었으나, 하나님의 구원 계획은 성령 강림 이후 더욱 확대되어 진행되고 있다(행 1:8).

성경에 소개된 최초의 전도는 "생육하고 번성하여 땅에 충만하라"(창 1:28, 9:1)는 창세기 1장의 문화 명령이다. 그리고 아브라함을 비롯한 족장들과 의를 전파한 노아(벧후 2:5), 이사야를 비롯한 선지자들이 전도의 사명을 감당했다(사 19:24~25). 이방인을 위한 대표적인 선지자는 요나이고(욘 1:1~3), 다니엘 역시 관직을 가진 전도자였다. 모든 예언서가 여호와 하나님은 만민의 하나님이며 온 땅과 민족의 구원의 길임을 선포하였다. 그들의 모든 메시지는 복음의 세계화를 중심으로 삼고 있다(사 49:6, 52:10). 그러므로 구약성경에서 전도의 의미는 다음과 같다. '하나님께서 이스라엘에게 약속하신 구원은 전 세계적 구원이고 종말론적 사실이며, 전도는 메시아의 오심과 연결되며 하나님께서 메시아를 통해 주어지는 것'이다.

신약과 복음전도

전도는 예수 그리스도의 복음에 근거를 두므로, '전도한다' 는 동사의 목적어는 오직 복음뿐이다. 바울은 "그리스도께서 만일 다시 살아나지 못하셨으면 우리가 전파(전도)하는 것도 헛것이요 또 너희 믿음도 헛것이며"(고전 15:14)라고 했다. 그러므로 전도의 진정한 의미는 예수 그리스도의 오심에서 시작되는 신약에서 찾는 것이 당연하다. 신약에서 복음전도와 관련하여 다음의 다섯 단어를 올바르게 이해할 때 그 뜻이 더욱 분명해진다.

유앙겔리죠(ευαγγελιζω)

여러 가지 다양한 문맥에서 자주 사용되는 이 단어는 아름다운 기쁜 소식을 전한다는 의미다. 성경 본문에서 아름다운 소식은 말만 아니라 명백히 행위도 포함한다. 표적과 기사와 함께 복음을 전하는 사람이 보여준 사랑과 돌봄과 애정은 많은 실례 속에 나타나는 행동이었다. 바울은 로마서 15장 18절 이하에서 자신의 복음전도 사역을 설명하기를 "말과 행위로 표적과 기사의 능력으로 성령의 능력으로…… 그리스도의 복음을 편만하게 전하였노라"고 했다. 복음서의 기록들은 예수님의 복음전도 사역에서 전파와 입증, 설교와 행동, 말과 행함은 분리할 수 없음을 명백하게 밝힌다(막 1:14~15; 행 8:6~12, 10:36~38).

신약에서 복음(Gospel)은 헬라어 '좋은(eu)'과 '소식(aggelia)'이라는 말에서 복음을 전한다는 뜻으로 흔히 사용되었고 '선전(propaganda)'과 같은 뜻이다. 예수님께서 "회개하고 복음을 믿으라"(막 1:15)고 말씀했을 때, 이 말의 의미는 기쁜 소식이다. 복음전도사는 왕국의 기쁜 소식을 퍼뜨리며 전파하는 자였다. "맹인이 보며 못 걷는 사람이 걸으며 나병환자가 깨끗함을 받으며 못 듣는 자가 들으며 죽은 자가 살아나며 가난한 자에게 복음이 전파"(마 11:5; 눅 7:22)되는 이 복음은 모든 믿는 사람을 위한 것이다(롬 1:16).

케루소(κηρυσσω)

신약에서 61번이나 사용된 이 단어의 뜻은 '왕으로부터 주어진 메시지를 전달하는 선포'이다. 사도 바울은 로마서 16장 25절에서 "나의 복음(εὐαγγελιον)과 예수 그리스도를 전파함(κερυγμα)"이라고 언급함으로써 복음과 그리스도를 전파함은 하나이며 동일한 메시지임을 분명히 밝혔다. '말씀을 전하는 것'은 기본적으로 사람들에게 그리스도를 전하는 것이어야 한다. 복음전도자는 그에게 맡겨진 메시지에 충성할 뿐 아니라 듣는 이들이 살아 계신 하나님과 관계를 맺도록 그리스도를 영화롭게 할 수 있는 유일한 분인 성령께 의탁해야 한다. '예고하다(to herald)' 또는 '선포하다(to preach)'를 의미하는 케루소는, 임금의 법령을 대신 알리기 위하여 전령자가 이 지방 저 지방으로 돌아다니며 선포할 때 사용되었다. 예수님께서 설교하셨다 함은 곧 하나님 나라를 알렸다는 것이다(마 9:35). 이러한 종말론적 요소로 인해 선포자는 박해와 핍박을 받을 수밖에 없지만 어떤 어려움 속에서도 하나님 나라를 알리는 일은 계속되어야 함을 말해준다.

마데투사오(μαθητευσάω)

"그러므로 너희는 가서 모든 민족을 제자로 삼아……"(마 28:19).

'마데투사테(to make disciple, 제자를 삼다)'는 여기에 사용된 동사형이다. 예수님께서는 제자들에게 '너희(팀, 소그룹)'는 가서 모든 민족을 제자로 삼으라고 하셨다. 제자의 개념을 그들을 통해 하나님의 백성이 될 모든 사람들에게 확대하여 적용할 것을 말씀하신 것이다. 예수님께서는 그들에게 항상 주님과 함께하면서 배울 수 있는 특권을 허락하셨다(막 3:14). 주님께서 복음을 전파하라고 분부하신 것은 복음 전파와 예수 그리스도의 제자로 양육하는 일을 계승하라는 것이다. 예수님께서 승천하며 제자들에게 예수 믿는 사람만이 아니라 모든 민족을 제자로 삼으라고 하신 것은, 예수 그리스도께서 통치하시는 하나님 나라의 새 백성은 주님과의 만남과 교제를 통하여 예수 그리스도를 닮고 그의 사역을 계승해야 한다는 것이다.

디다스코(διδασκω, to teach)

복음의 이해를 위해 조직적으로 설명하고 설득시킨다는 뜻을 내포하고 있는 이 단어는 신약에만 95회나 사용되었다.

"예수께서 모든 도시와 마을에 두루 다니사 그들의 회당에서 가르치시며"(마 9:35).

예수님께서는 다양한 방식으로 위대한 영적 진리를 가르치고 설명하고 예증하셨다.

말투스(μάρτζ, witness, 증인)

"너희가 …… 내 증인이 되리라"(행 1:8).

증인에 해당하는 히브리어 말투스의 기본적인 의미는 '기억하다', '주의를 기울이다', '마음에 새기다' 등이다. 증인과 순교자는 같은 어원에서 나온 단어다. 순교자는 피로써 자신의 증거를 뒷받침하는 사람이다. 성경적인 진정한 증인은 복음을 전파하는데 그 복음을 위하여 자기가 믿는다는 증거로 자기 생명을 내어놓은 사람이다. 그의 모든 것을 걸고 증인이 되는 것이다. 예루살렘에서 제자들에게 "너희는 이 모든 일의 증인이라"고 예수님께서 말씀하셨을 때 그 자리에는 열한 제자뿐만 아니라 다른 제자들도 함께 있었디(눅 24:33). 사도들뿐 아니라 다락방에 모였던 120명의 제자들이 다 복음의 증인이었다. 스데반도 예수님의 증인이었다(행 22:20). 스데반은 사도들과 같은 첫 번 목격자가 아니었으나 증인으로 불렸다는 것에 주의하라.

"복음전도란 불타는 마음으로 복음의 증인이 되는 것이고 제자를 만들려는 뚜렷한 목적으로 가르치고 전하는 것이다"(오트리).

여기서 전도의 긴박성을 느끼게 된다. 주님께서는 공생애의 삶을 전도로 시작하셨고 첫 번째 명령도 전도에 대한 것이었다(마 4:17, 19). 오순절 날 복음을 증거하여 하루에 3천 명이나 회개하게 했던 이들은 사도들이다. 그런데 예루살렘 교회에 큰 핍박이 일어나 순교자가 생기고 사람들이 흩어졌을 때 흩어진 자들은 평신도들이다. 사도행전 8장 4절에 보면 "그 흩어진 사람들이 두루 다니며 복음의 말씀을 전할새"라고 기록되어 있다. 복음전도는 모든 신자가 해야 하는 것이다.

예수님의 전도 훈련방법

"오직 성령이 너희에게 임하시면 너희가 권능을 받고 예루살렘과 온 유대와 사마리아와 땅 끝까지 이르러 내 증인이 되리라 하시니라" (행 1:8).
"이에 열둘을 세우셨으니 이는 자기와 함께 있게 하시고 또 보내사 전도도 하며 귀신을 내쫓는 권능도 가지게 하려 하심이러라"(막 3:14~15).

예수님께서는 공생애 사역을 전도로 시작하셨고 지상 생애도 전도 명령으로 마치며 친히 전도의 모범을 보여주셨다. 제자를 삼을 때는 함께 생활하며 훈련시키셨다. 예수님께서는 갈릴리 호숫가와 회당, 벳새다 들녘에서 이적을 행하고 병자들을 고치며 복음을 전파하는 전도 현장을 직접 목격하게 하는 현장 실습을 통해 전도 훈련을 시키셨다. 예수님의 전도 훈련방법은 이론 교육뿐만 아니라 현장 실습을 갖춘 실제적인 훈련이었다. 그런데 오늘날 전도 방법은 용어만큼이나 다양해졌다.

- 통신전도 : VTR, 문서, 사진, 매스컴, 이슬비 전도 편지
- 홍보전도 : 현수막, 포스터, 스티커, 전도 신문, 소책자
- 노방전도 : 워십 댄스, 전도지 배부, 복음 선포
- 개인전도 : 전도폭발, 사영리, 글 없는 책, 이슬비 전도지

복음전도의 중요성

전도는 주님의 마지막 최고 지상명령(마 28:19; 막 16:15)이고, 하나님 아버지의 뜻이며 하나님께서 가장 기뻐하시는 일이다(요 6:40). 하나님께서는 잃어버린 양을 찾기 원하시며, 그 사명을 교회에게 맡기셨다(행 1:8). 또한 전도는 예수 그리스도께서 사랑으로 강권하시는 일이다(고후 5:14~15). 전도는 그리스도인의 최고의 관심이 되어야 한다. 전도는 예수 그리스도를 닮아가며 따라가는 삶의 과정이다. 예수님께서 오신 목적은 "잃어버린 자를 찾아 구원하려 함"이다(눅 19:10). 예수님께서 오신 목적이 복음전도인 것이다. 예수님께서는 처음부터 전도의 목적을 가지고 제자들을 부르셨다(막 1:17).

전도는 인간의 진정한 필요를 채우는 것이다. 한 사람의 영혼을 하나님의 나라로 인도하는 것이며(마 4:17), 저주스러운 삶이 그리스도 안에서 복된 삶으로 변화되는 것이고(요 1:12~13), 더 나아가 그의 가족까지 구원받아 결국은 세상을 바꾸는 것이다. 복음을 전하는 자에게는 기쁨(시 126:5~6), 면류관(고전 9:25), 영혼(살전 2:19~20), 소원 성취(시 37:4), 영원한 보상(단 12:3) 등 다양한 상이 있다.

전도자의 자격과 준비

전도자는 증거를 위한 영적 준비를 갖추어야 한다. 가장 우선으로 준비할 것은 구원의 확신이다(요 3:11). 불확실한 구원은 호소력이 없다. 복음전도자는 죄로 인한 인간 현실의 비참함과 구원의 필요성을 느껴야 하고 오직 예수 그리스도로 인한 구원의 가능성, 그리스도의 피로 인한 구원에 대해 확신이 있어야 한다. 그리고 무리를 보며 민망히 여기시는 예수 그리스도의 심장을 가지고 있어야 한다. 본질적인 영혼의 상태를 보는 눈이 있어야 한다. 영혼에 대한 전도자의 불타는 사랑의 마음에서 전도는 시작된다.

전도는 예수 그리스도의 복음의 내용을 전하는 것이다. 따라서 성공적으로 복음을 증거하려면 성경이 예리하고 강력한 힘을 가지고 있음을 알아야 하며, 복음에 대한 바른 이해가 필요하다. 전도자는 복음을 완전히 이해하고 깨달아 전해야 할 내용을 정확히 알고 있어야 한다. 복음에 대한 철저한 이해, 곧 인간의 죄성, 하나님의 은혜, 구속의 원리를 제대로 알 때 전도에 힘이 생긴다. 복음의 정확한 메시지를 가지고 있을 때 생명의 역사가 나타나는 것이다.

전도하기 전에는 전적으로 성령을 의지하는 기도에 힘써야 한다. 전도를 위한 힘을 주시고 지금도 나와 함께 계시며 나의 능력이 되시는 성령의 충만함이 있어야 한다(행 2:4). 그러므로 전도자는 전도의 문이 열리게 해달라고 기도해야 한다. 전도하는 자신과 전도할 대상을 위하여 기도하고, 전해야 할 말씀을 얻기 위해 기도해야 한다. 전도자의 올바른 마음 자세는 누구든지 예수 그리스도의 보혈로 용서받을 수 있으며 예수님의 능력은 어떠한 사람도 변화시킬 수 있다는 사실을 믿는 것이다. 외적인 준비도 필요하다. 때때로 전도자의 외모가 전도를 가로막는 경우가 있다. 꾸밈없는 모습, 단정한 외모, 신뢰받을 만한 옷차림과 화장으로 접근하는 지혜가 있어야 한다.

한 명도 전도하지 못한 사람은 한 번도 전도를 안 해본 사람이다. 일단 전도의 현장으로 나가야 한다. 우리 주변에는 추수할 영혼들이 참으로 많다. 전도의 현장에 나가면 전도자를 기다리는 사람이 있음을 보게 된다. 승리를 원하는 군인은 전장에 나가야 하며, 추수를 원하는 농부는 논과 밭으로 나가야 한다. 일단 나가서 증거하면 열매를 거두게 하시는 하나님의 역사하심을 보게 된다. 전도에는 실패가 없다. 선을 행하는 사람은 낙심할 필요가 없다. 때가 이르면 거두게 하시는 하나님이 계시기 때문이다.

전도할 때 반드시 기억해야 할 것이 있다면, 결신이 성공이 아니라 전하는 것 자체가 성공이라는 사실이다. 전하는 그 자체가 이미 성공이라는 사실을 알 때 복음 전파는 지속적으로 이루어지게 된다. 반응을 보이는 사람에게는 끝까지 확신 있게, 구체적이고 분명하게 전해야 한다.

신약 교회의 전도훈련은 어떠했을까? 신약 교회는 사도들뿐만 아니라 평신도들도 목숨을 걸고 기도와 전도의 사명을 감당했다(행 1:14, 8:1~4). 사도 바울은 디모데를 제자로 삼았다. 디모데는 또 다른 충성된 사람들을 제자로 삼아 훈련을 시키고 대대로 계승하게 했다(딤후 2:2). 스데반과 빌립과 디모데 외에도 다대오, 브리스길라와 아굴라, 두기고, 누가, 오네시보로, 에라스도(딤후 4:20), 디도 등등 수없이 많은 사람들이 있다. 디모데후서 4장 2절에서 바울은 디모데에게 "너는 말씀을 전파하라 때를 얻든지 못 얻든지 항상 힘쓰라 범사에 오래 참음과 가르침으로 경책하며 경계하며 권하라"고 했다. 신약 교회가 이 말씀에 철저히 순종하였기에 오늘의 기독교가 살아 있는 것이다.

나눔과 적용

- 개인적으로 언제, 어떤 방법으로 전도를 받았는지 나누어보라.
- 오늘 내가 전도해야 할 사람에게 구체적으로 어떻게 다가설 것인지 계획해보라(전화, 문자, 방문하기 등).

제2장
사영리 복음전도 방법[1]

도둑이 오는 것은 도둑질하고 죽이고 멸망시키려는 것뿐이요 내가 온 것은 양으로 생명을 얻게 하고 더 풍성히 얻게 하려는 것이라(요 10:10)
모든 사람이 죄를 범하였으매 하나님의 영광에 이르지 못하더니 그리스도 예수 안에 있는 속량으로 말미암아 하나님의 은혜로 값 없이 의롭다 하심을 얻은 자 되었느니라 (롬 3:23~24)

    복음을 전하는 일은 부활하신 예수님께서 제자들에게 맡기신 가장 중요하고 첫 번째 되는 일이다. 복음을 전하기 위해서 얼마나 힘을 쓰고 있는가? 복음을 전하는 데 제일 먼저 필요한 것은 전하는 자에게 구원의 확신이 있어야 한다는 것이다. 사영리(四靈理)를 통해서 복음을 전하기 위해서는 성령 충만함과 복음전도자로서의 알맞은 삶이 있어야 한다.

사영리 소책자

    사영리 소책자는 예수 그리스도를 소개하는 유일한 방법은 아니지만 수많은 사람들이 사용해본 결과 전하기 쉽고 효과적임이 증명되었다. 또한 이 책자는 전도훈련을 위한 중심 교재로 불신자들이 예수 그리스도를 쉽게 알 수 있도록 성경의 진리를 아주 간략하게 만들어놓았다. 사영리를 잘 활용하면 전도의 실질적인 효과를 얻을 수 있다.
① 제1원리는 하나님이다. 하나님의 사랑과 하나님을 믿는 사람에게 예비해놓으신 풍성한 생활이 있음을 말씀하고 있다.
② 제2원리는 우리가 볼 수 있는 거짓말, 도적질, 살인 등과 같은 죄보다는 하나님 편에서 보는 인간의 상태, 곧 하나님에 대한 무지와 하나님과의 관계의 단절성 등을 더 강조한다.
③ 제3원리는 죄 때문에 자신의 노력으로 하나님께 도달할 수 없는 인간을 사랑하여 예수 그리스도를 죽게 하시고 그 대가로 하나님과의 관계가 회복될 수 있게 하신 것이다.
④ 제4원리는 인간의 죄를 대신 짊어지고 십자가에 달려 죽으신 예수 그리스도를 구주로 영접하는 사람들을 생명으로 인도하신다는 사실이다.

사영리 복음제시 내용 원문

사영리에 대하여 들어보셨습니까?
자연계에 자연 법칙이 있듯이 하나님과 사람 사이에도 영적인 원리가 있습니다.

제 1 원리

하나님은 당신을 사랑하시며, 당신을 위한 놀라운 계획을 가지고 계십니다.

---

1) 김준곤, 『전도요원훈련교재』, (서울:한국대학생선교회, 1980), pp. 35~40.
두란노서원출판부, 『전도방법론철저분석』, (서울:도서출판두란노, 1992), pp. 33~46.

하나님의 사랑

"하나님이 세상을 이처럼 사랑하사 독생자(예수 그리스도)를 주셨으니 이는 그를 믿는 자마다 멸망하지 않고 영생을 얻게 하려 하심이라"(요 3:16)고 했습니다.

하나님의 계획

예수 그리스도께서 말씀하시기를 "……내가 온 것은 양(당신)으로 생명을 얻게 하고 더 풍성히 얻게 하려는 것이라"(요 10:10)고 하셨습니다. 그런데, 왜 대부분의 사람들이 이 풍성한 삶을 누리지 못하고 있을까요? 그 이유는…….

제 2 원리

사람은 죄에 빠져 하나님으로부터 떠나 있습니다. 그러므로 하나님의 사랑과 계획을 알 수 없고, 또 그것을 체험할 수 없습니다.

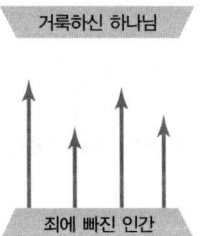

사람은 죄에 빠져 있다

"모든 사람이 죄를 범하였으매 하나님의 영광에 이르지 못하더니" (롬 3:23).

본래 사람은 하나님과 사귀어 살도록 창조되었습니다. 그런데 사람은 자기 마음대로 살려고 했기 때문에 마침내 하나님과의 사귐이 끊어지고 말았습니다. 하나님 없이 제 마음대로 사는 사람은 적극적일 때는 하나님께 반항하게 되며 소극적일 때는 하나님에 대하여 무관심하게 되는데 이것이 바로 성경이 말하는 죄의 증거입니다.

사람은 하나님으로부터 떠나 있다

'죄의 삯은 사망'(롬 6:23)이라고 했습니다(여기서 사망이란 영적으로 하나님으로부터 떠나 있는 상태를 말합니다).

하나님은 거룩하시며 사람은 죄에 빠져 있다

그리하여 이 둘 사이에는 커다란 간격이 생겼습니다. 사람들은 끊임없이 선행, 철학, 종교 등의 자기 힘으로 하나님께 도달하여 풍성한 삶을 누려보려고 애쓰고 있습니다. 이 간격을 이어주는 유일한 길은 제3원리에서 설명하고 있습니다.

제 3 원리

예수 그리스도만이 사람의 죄를 해결할 수 있는 하나님의 유일한 길입니다. 당신은 그를 통하여 당신에 대한 하나님의 사랑과 계획을 알게 되며, 또 그것을 체험하게 됩니다.

그는 우리를 대신하여 죽으셨다

"우리가 아직 죄인 되었을 때에 그리스도께서 우리를 위하여 죽으심으로 하나님께서 우리에 대한 자기의 사랑을 확증하셨느니라"(롬 5:8)고 했습니다.

그는 또한 죽음에서 살아나셨다

"……그리스도께서 우리 죄를 위하여 죽으시고 장사 지낸 바 되셨다가 성경대로 사흘 만에 다시 살아나사 게바에게 보이시고 후에 열두 제자에게와 그 후에 오백여 형제에게 일시에 보이셨나니……"(고전 15:3~6)라고 했습니다.

예수님의 부활에 대한 성경의 예언

"이는 주께서 내 영혼을 스올에 버리지 아니하시며 주의 거룩한 자를 멸망시키지 않으실 것임이니이다 주께서 생명의 길을 내게 보이시리니 주의 앞에는 충만한 기쁨이 있고 주의 오른쪽에는 영원한 즐거움이 있나이다"(시 16:10~11).

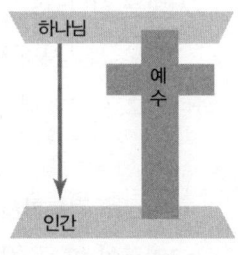

"여호와께서 그에게 상함을 받게 하시기를 원하사 질고를 당하게 하셨은즉 그의 영혼을 속건제물로 드리기에 이르면 그가 씨를 보게 되며 그의 날은 길 것이요 또 그의 손으로 여호와께서 기뻐하시는 뜻을 성취하리로다"(사 53:10).

"여호와께서 이틀 후에 우리를 살리시며 셋째 날에 우리를 일으키시리니 우리가 그의 앞에서 살리라"(호 6:2).

예수 그리스도만이 하나님께 이르는 유일한 길이다

예수 그리스도께서 말씀하시기를 "……내가 곧 길이요 진리요 생명이니 나로 말미암지 않고는 아버지께로 올 자가 없느니라"(요 14:6)고 하셨습니다.

"다른 이로써는 구원을 받을 수 없나니 천하 사람 중에 구원을 받을 만한 다른 이름을 우리에게 주신 일이 없음이라 하였더라"(행 4:12). (기독교는 단순한 종교가 아닙니다. 참 생명의 종교입니다. 고난과 부활을 통한 참 생명을 주는 유일의 종교입니다. 다른 종교에는 절대 구원이 없습니다. 물론 다른 고등 종교들도 그들 나름대로의 상대적인 길과 진리는 있습니다. 그러므로 인간적인 그들의 노력과 업적은 평가해주어야 합니다. 그러나 구원을 얻는 진리나 방법은 아닙니다.)

하나님께서는 그의 아들이신 예수 그리스도를 이 세상에 보내어 우리를 대신하여 십자가에 죽게 하심으로 우리의 죄 값을 담당케 하시고 하나님과 우리 사이에 다리를 놓아주셨습니다. 그러나 이상의 세 가지 원리를 아는 것만으로는 충분하지 않습니다.

제 4 원리

우리 각 사람은 예수 그리스도를 '나의 구주, 나의 하나님'으로 영접해야 합니다. 그러면 우리는 우리 각 사람에 대한 하나님의 사랑과 계획을 알게 되며 또 그것을 체험하게 됩니다.

우리는 예수 그리스도를 영접해야 한다

요한복음 1장 12절에서 "영접하는 자 곧 그 이름을 믿는 자들에게는 하나님의 자녀가 되는 권세를 주셨으니"라고 약속했습니다.

우리는 믿음으로 그리스도를 영접한다

"너희는 그 은혜에 의하여 믿음으로 말미암아 구원을 받았으니 이것은 너희에게서 난 것이 아니요 하나님의 선물이라 행위에서 난 것이 아니니 이는 누구든지 자랑하지 못하게 함이라"(엡 2:8~9).

우리는 각자의 초청으로 예수 그리스도를 영접해야 한다

예수 그리스도께서 말씀하시기를 "볼지어다 내가 문 밖에 서서 두드리노니 누구든지 내 음성을 듣고 문을 열면 내가 그에게로 들어가 그와 더불어 먹고 그는 나와 더불어 먹으리라"(계 3:20)고 하셨습니다. 그리스도를 영접한다는 것은 나 중심에서 하나님 중심으로 전환하는 것이며, 내 안에 들어오셔서 내 죄를 용서하시고 그분이 원하시는 사람이 되도록 그리스도께 나를 맡기는 것입니다. 예수 그리스도의 말씀에 지적으로 동의한다든가 감정적인 경험만으로는 충분하지 않습니다. 우리는 의지의 행위인 믿음으로 예수 그리스도를 영접합니다.

다음 그림은 두 종류의 사람을 나타내고 있다

내가 주인인 사람

내 인생의 왕좌에 나 자신이 앉아 있으며 그리스도께서는 내 인생의 밖에 계십니다. 그러므로 모든 일을 부족하고 허물 많은 나 자신이 주관하므로 좌절과 혼란에 빠지게 되고 결국 영원한 사망 속에 처할 수밖에 없습니다.

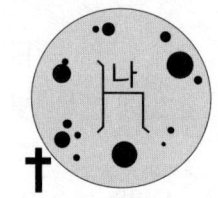

예수님이 주인인 사람

그리스도께서 내 인생의 왕좌에 앉아 계시며, 나는 내 인생의 왕좌에서 내려와 모든 것을 그리스도께 맡겼습니다. 모든 일을 그리스도께서 주관하시므로 하나님의 계획과 일치된 생활을 하게 되고 생명과 은혜 가운데 살게 됩니다.

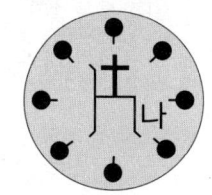

어느 그림이 당신의 생활을 잘 나타내고 있습니까? 어느 그림에 속하기를 원하십니까? 당신은 바로 지금 이 자리에서 기도로 그리스도를 영접할 수 있습니다. 그리스도께서 당신의 중심에 들어오도록 간절히 기도하십시오. 하나님은 우리의 중심을 알고 계십니다. 그래서 입으로 하는 말보다는 중심의 태도를 보고 싶어 하십니다. 이렇게 기도해보십시오.

"주 예수님, 나는 주님을 믿고 싶습니다. 십자가에서 죽으심으로 내 죄값을 담당하심을 감사드립니다. 지금 나는 내 마음의 문을 열고 예수님을 나의 구주, 나의 하나님으로 영접합니다. 나의 죄를 용서하시고 영생을 주심을 감사합니다. 나를 다스려주시고, 나를 주님이 원하시는 사람으로 만들어주옵소서. 예수님의 이름으로 기도합니다. 아멘."

이 기도가 당신의 마음에 듭니까? 그렇다면 이 기도를 드리십시오. 그러면 예수 그리스도께서 약속대로 당신 안에 들어오실 것입니다.

그리스도가 당신 안에 계심을 어떻게 알 수 있는가?

그리스도를 당신 안에 영접하셨습니까? 요한계시록 3장 20절에 의하면 지금 당신의 경우 어느 곳에 그리스도가 계십니까? 그리스도는 당신 안에 들어오겠다고 약속하셨습니다. 그가 거짓말을 하실까요? 그러면 무슨 근거로 하나님께서 당신의 기도를 들으셨다는 사실을 알 수 있습니까? (하나님 자신과 그의 말씀인 성경의 신실성, 즉 하나님께서는 그의 약속을 반드시 지키십니다.)

성경은 예수 그리스도를 영접하는 모든 사람에게 영원한 생명을 약속하고 있다

"또 증거는 이것이니 하나님이 우리에게 영생을 주신 것과 이 생명이 그의 아들 안에 있는 그것이니라 아들이 있는 자에게는 생명이 있고 하나님의 아들이 없는 자에게는 생명이 없느니라 내가 하나님의 아들의 이름을 믿는 너희에게 이것을 쓰는 것은 너희로 하여금 너희에게 영생이 있음을 알게 하려 함이라"(요일 5:11~13).

예수 그리스도께서 당신 안에 들어오셔서 영원히 떠나지 아니하심을 항상 감사하십시오("돈을 사랑하지 말고 있는 바를 족한 줄로 알라 그가 친히 말씀하시기를 내가 결코 너희를 버리지 아니하고 너희를 떠나지 아니하리라 하셨느니라" – 히 13:5). 영접한 순간부터 살아 계신 그분은 당신 안에 거하시며 당신은 영원한 생명을 얻었음을 명심하십시오. 하나님께서는 결코 속이지 않으십니다. 꼭 기억해야 할 사실은……

감정에 의존하지 마십시오

우리의 믿음은 하나님과 그의 말씀 곧 성경에 근거하는 것이지 우리 자신의 느낌이나 감정에 근거하는 것이 아닙니다. 그리스도인은 하나님과 그의 말씀을 믿는 믿음으로 사는 것입니다. 특별히 느낌이 있을 수도 있지만 없을지라도 안심하십시오. 아래의 그림은 사실(하나님과 그의 말씀)과 믿음(하나님과 그의 말씀에 대한 우리의 신뢰)과 감정(믿음과 순종의 결과)의 관계를 설명해주고 있습니다.[2]

기관차는 객차가 있으나 없으나 달릴 수 있습니다. 그러나 객차로 기관차나 연료차를 끌려고 하는 것은 어리석은 일입니다. 마찬가지로 그리

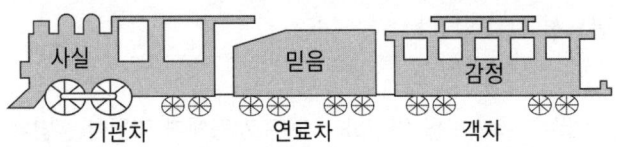

스도인도 느낌이나 감정에 의존하는 것이 아니라 하나님과 그의 말씀의 신실성에 믿음의 근거를 두는 것입니다.

이제 당신은 예수 그리스도를 영접했다

당신이 믿음으로 그리스도를 영접한 결과 다음의 몇 가지를 비롯하여 많은 일들이 일어났습니다.

예수 그리스도께서 당신 안에 들어와 계신다

"하나님이 그들로 하여금 이 비밀의 영광이 이방인 가운데 얼마나 풍성한지를 알게 하려 하심이라 이 비밀은 너희 안에 계신 그리스도시니 곧 영광의 소망이니라"(골 1:27).

"볼지어다 내가 문 밖에 서서 두드리노니 누구든지 내 음성을 듣고 문을 열면 내가 그에게로 들어가 그와 더불어 먹고 그는 나와 더불어 먹으리라"(계 3:20).

당신의 모든 죄는 사함 받았다

"그 아들 안에서 우리가 속량 곧 죄 사함을 얻었도다"(골 1:14).

당신은 하나님의 자녀가 되었습니다.

"영접하는 자 곧 그 이름을 믿는 자들에게는 하나님의 자녀가 되는 권세를 주셨으니"(요 1:12).

당신은 영원한 생명을 얻었습니다.

"내가 진실로 진실로 너희에게 이르노니 내 말을 듣고 또 나 보내신 이를 믿는 자는 영생을 얻었고 심판에 이르지 아니하나니 사망에서 생명으로 옮겼느니라"(요 5:24).

하나님께서 예비하신 풍성한 새 삶이 시작되었습니다.

"도둑이 오는 것은 도둑질하고 죽이고 멸망시키려는 것뿐이요 내가 온 것은 양으로 생명을 얻게 하고 더 풍성히 얻게 하려는 것이라"(요 10:10).

"그런즉 누구든지 그리스도 안에 있으면 새로운 피조물이라 이전 것은 지나갔으니 보라 새 것이 되었도다"(고후 5:17).

풍성한 삶을 누리기 위해서는 어떻게 해야 하는가?

그리스도인은 예수 그리스도를 신뢰함으로 영적 성장을 하게 됩니다.

"의인은 믿음으로 살리라"(갈 3:11).

믿음으로 사는 생활이란 생활의 지극히 작은 일까지도 하나님께 맡기고 다음의 일들을 기쁨으로 실천하는 것을 말합니다. 날마다 하나님께 기도하십시오.

"너희가 내 안에 거하고 내 말이 너희 안에 거하면 무엇이든지 원하는 대로 구하라 그리하면 이루리라"(요 15:7).

---

2) 김준곤, 『전도요원훈련교재』, (서울:한국대학생선교회, 1980), p 71.

하나님의 말씀인 성경을 날마다 읽으십시오.

"베뢰아에 있는 사람들은 데살로니가에 있는 사람들보다 더 너그러워서 간절한 마음으로 말씀을 받고 이것이 그러한가 하여 날마다 성경을 상고하므로"(행 17:11).

하나님께 항상 순종하십시오.

"나의 계명을 지키는 자라야 나를 사랑하는 자니 나를 사랑하는 자는 내 아버지께 사랑을 받을 것이요 나도 그를 사랑하여 그에게 나를 나타내리라"(요 14:21).

말과 행동으로 그리스도를 증거하십시오.

"말씀하시되 나를 따라오라 내가 너희를 사람을 낚는 어부가 되게 하리라 하시니"(마 4:19).

"너희가 열매를 많이 맺으면 내 아버지께서 영광을 받으실 것이요 너희는 내 제자가 되리라"(요 15:8).

지극히 작은 일까지도 하나님께 맡기십시오.

"너희 염려를 다 주께 맡기라 이는 그가 너희를 돌보심이라"(벧전 5:7).

성령께서 당신의 일상생활을 주관하게 하시고 능력을 받아 그리스도의 증인이 되십시오.

"내가 이르노니 너희는 성령을 따라 행하라 그리하면 육체의 욕심을 이루지 아니하리라 육체의 소욕은 성령을 거스르고 성령은 육체를 거스르나니 이 둘이 서로 대적함으로 너희가 원하는 것을 하지 못하게 하려 함이니라"(갈 5:16~17).

"오직 성령이 너희에게 임하시면 너희가 권능을 받고 예루살렘과 온 유대와 사마리아와 땅 끝까지 이르러 내 증인이 되리라 하시니라"(행 1:8).

교회를 잘 선택하여 출석하십시오. 교회는 하나님께 예배드리고 찬송과 기도로 영광을 돌리며 말씀을 가르치고 배우며 성도 간에 교제를 나누는 장소입니다. 그러므로 우리는 하나님의 교회를 통하여 하나님께 대하여 배우고 영광을 돌리며 은혜를 누리게 됩니다. 그래서 히브리서 10장 25절에 보면 '모이는 일을 게을리 하지 말라' 고 권면하고 있습니다. 아궁이에 여러 개의 나무토막을 넣으면 불이 잘 타지만 하나씩 따로 떼어놓으면 불은 곧 꺼집니다. 당신과 다른 그리스도인과의 관계도 이와 마찬가지입니다. 예수 그리스도를 더 잘 배우고 그가 원하시는 삶을 살며 다른 그리스도인과의 교제를 가지려면 반드시 교회 생활을 해야 합니다. 바로 이 주일부터 시작하여 그리스도를 영화롭게 하고 하나님의 말씀을 올바로 전하는 가까운 교회에 나가십시오. 나가서 말씀을 배우고 예배와 찬송과 기도를 드리면 당신의 삶은 놀라운 생명의 은혜로 충만하게 될 것입니다.

사영리 전도의 유익은 무엇인가?

전도 대상자에게 복음을 제시했을 때 통계에 의하면 네 명 중 한 명이 영접한다고 한다. 사영리는 간결하고 분명한 복음 제시를 군더더기 말을 덧붙일 필요가 없이 읽어주기만 하면 된다. 사영리는 간단명료하고 포괄적이며 쉽게 전할 수 있다는 장점이 있다. 사영리는 비그리스도인에게 그리스도를 인격적으로 알 수 있는 방법을 가르쳐주기 위하여 만든 책자로, "하나님은 당신을 사랑하십니다"라는 긍정적인 말로 시작한다. 전도를 어떻게 할지 해야 할지 못하는 사람들에게 "사영리에 대하여 들어보셨습니까?"라는 말로써 대화를 시작할 수 있는 말문을 열어준다. 다시 말해서 전도할 때 무엇을 어떻게 말해야 하는가를 알려줌으로써 자신감을 준다. 사영리는 간단하고 단순하지만 예수 그리스도를 통한 구원을 확실하고 긍정적이며 간결하게 전달해준다. 무엇보다도 예수 그리스도를 영접하는 방법을 분명하게 제시한다. 사영리는 우리에게 무엇을 어떻게 말할지를 가르쳐주고 주제에서 벗어나지 않도록 해준다.

많은 성도가 전도를 두렵게 생각한다. 그런 사람들에게 사영리 전도는 가장 손쉬운 전도 방법이 된다. 사영리에는 그리스도를 영접하게 하는 초청 기도문이 포함되어 있고, 그리스도인의 성장을 위한 권면과 함께 교회의 중요성도 강조되며, 짧은 시간에 그리스도를 영접하는 방법을 보여준다. 사영리는 그리스도를 다른 사람에게 쉽게 전할 수 있다는 점이 탁월하다.

또한 사영리는 구원의 확신을 가지며 하나님의 사랑과 용서하심, 죄를 씻어주심을 체험하기 위해서 성령 충만을 받고 성령님 안에서 행동하는 그리스도인답게 살아가는 방법과 그리스도 안에서 계속 성장하는 방법을 가르쳐준다. 그리고 성령님 안에서 다른 사람을 그리스도께 인도하는 전도 방법과 그 사람을 제자로 양육하여 파송하는 방법을 배울 수 있다. 사영리는 전 민족을 복음화하여 전도의 지상 명령을 이 세대에 성취하는 전략의 하나로서 효과적이다.

사영리를 소개하는 실제 방법

사영리로 전도하는 말을 시작하는 방법

사영리에 대해 들어보셨습니까? 많은 사람에게 큰 의미와 유익을 끼친 작은 책자를 지금 공부하고 있는데 이 책자를 형제님에게 보여드리겠습니다.

형제님에게도 이 책자를 소개해드리고 싶습니다. 하나님께서 주신 풍성한 삶을 알려주는 네 가지 원리에 대해 들어보셨습니까? 사영리를 들어보신 후 이에 대한 당신의 의견을 말해주시겠습니까?

사영리를 효과적으로 사용하는 방법

사영리를 사용하여 전도할 때에는 미소를 지어야 한다. 친구처럼 상대방에게 관심을 가지고 하나의 개인으로 대해야 한다. 강압적인 기교를 쓰거나 논쟁하거나 화를 내지 말아야 한다. 논쟁은 아무런 열매를 맺지 못하게 한다. 가장 쉽고 효과적으로 사영리를 전하는 방법은 그대로 소리 내어 읽어주는 것이다.

같은 사람과 사영리를 두 번 이상 나누는 것을 두려워하지 말라. 사영리를 읽어 나가는 동안 상대방에게 두세 개의 성경 구절을 읽게 하라. 처음 사영리를 전했을 때 상대방이 그리스도를 영접하지 않았다고 해도 실망하지 말라. 만약 상대방이 그리스도를 영접하지는 않았지만 그리스도를 더 알기 원한다면 다시 시간을 내어 이야기하고 그의 질문을 의논하기 위해 만날 약속을 하고 그를 위해 기도해야 한다. 성령님의 능력으로 하나님의 말씀을 전한다면 복음은 틀림없이 목적을 성취할 것이다(사 55:11). 사영리에 표현된 복음은 설득력이나 판매 기술이나 훈련이 아니라 구원에 이르는 하나님의 능력이다. 그래서 성공적인 전도는 성령님의 능력 안에서 그리스도를 전하고 그 결과를 하나님께 맡기는 것이다.

만약 상대방이 내용에서 벗어난 질문을 할 때에는 이렇게 말할 수도 있다.

"참 좋은 질문입니다. 사영리를 다 읽은 후에 그 문제에 대하여 이야기해봅시다."

질문의 진실성 여부를 분별하여 간단한 질문은 대답해주고 계속 사영리를 진행해야 한다. 친절하게 대하고 필요한 경우에는 질문에 간단한 답변을 해줄 수 있으나, 가급적이면 질문에 대한 답변을 마지막으로 미루어야 한다. 그리스도를 영접하도록 사람을 변화시키는 분은 성령님이심을 기억해야 한다. 만일 상대방이 아무런 반응도 보이지 않으면 읽기를 중단하고 "이해되십니까?"라고 질문한다. 그리고 처음부터 다시 시작해야 한다. 상대방이 잘 볼 수 있도록 책자를 손에 들고 읽어라. 주의를 집중시키기 위해서 읽는 곳을 연필로 가리키면서 말하라. 믿음을 통해 그리스도께서 우리 마음속에 들어오신다는 것을 이해시키고, 주께서 그의 기도를 들어주신다는 것을 믿고 기도하도록 권면해야 한다.

전하는 사람이 긴장하면 듣는 사람도 긴장하게 된다. 사영리를 잘 활용할 수 있는 방법을 배워서 불필요한 말을 넣지 말아야 한다. 또한 전도할 때에 좋은 감정으로 확신 있게 전달하고, 긍정적인 태도와 사랑으로 대하고, 성령님을 의지하여 성령님께서 당신을 인도하게 해야 한다. 특히 말할 때에 상대방에게 불쾌감을 주지 않도록 주의하고, 입 냄새가 나거나 전도하는 데 장애가 될 만한 것이 있는지 먼저 잘 살펴야 한다. 성공적인 전도는 성령님의 능력 안에서 그리스도를 전하고 그 결과는 하나님께 맡기는 것이다.

나눔과 적용

- 사영리를 가까운 친구에게 읽어주라. 읽어주고 그 의견을 물어오라.
- 사영리 내용을 암기하라(제1, 제2, 제3, 제4원리와 10개의 관계 성구).
- 누구를 만날 것인지 염려하지 말고 하나님께서 만날 사람을 인도해주시도록 특별히 기도하라.

제3장
다리 예화 복음전도 방법[3)]

영접하는 자 곧 그 이름을 믿는 자들에게는 하나님의 자녀가 되는 권세를 주셨으니 이는 혈통으로나 육정으로나 사람의 뜻으로 나지 아니하고 오직 하나님께로부터 난 자들이니라(요 1:12~13)
예수께서 이르시되 내가 곧 길이요 진리요 생명이니 나로 말미암지 않고는 아버지께로 올 자가 없느니라(요 14:6)

하나님의 선물인 영생

성경에는 사람과 하나님과의 관계가 잘 나타나 있다. 하나님께서는 사람과 긴밀하게 교제하기를 원하신다. 하나님과 긴밀한 교제가 이루어질 때 사람은 늘 푸른 나무처럼 풍성한 삶을 누릴 수 있다. 그런데 사람이 하나님과의 긴밀한 교제를 거절함으로써 하나님과 멀어졌다.
"사람이 만일 온 천하를 얻고도 자기 목숨을 잃으면 무엇이 유익하리요"(막 8:36).
사람들이 가장 귀중히 여기는 것이 무엇일까? 생명이다. 사람들은 생명을 위하여 모든 생애를 투자한다. 한 생명을 행복하고 가치 있게 살기

---

3) 로이 로버트슨, 『디모데 원리』, (서울:네비게이토선교회, 1987), pp. 60~68.
두란노서원출판부, 『전도방법론 철저분석』, (서울:도서출판두란노, 1992), pp. 33~46.

위해 학교에 다니고 직장을 가지며, 결혼을 하여 가정을 이루고, 집을 사고 자녀를 교육시키며, 사회적 지위를 굳혀가며 수고하고 지내다가 결국은 죽는다.

그런데 이것이 인생의 전부일까? 사람들은 돈, 명예, 학문, 쾌락 등을 통하여 행복하고 의미 있는 생활을 누리고자 한다. 그러나 이 모든 것을 가진 삶도 여전히 공허하며 만족하지 못하는 것을 보게 된다. 왜 그럴까? 하나님께서는 본래 교제하기 위하여 자기의 형상대로 인간을 창조하셨다. 인간은 하나님과 교제하며 풍성한 삶을 누릴 수 있었다. 그러나 인간이 하나님께 불순종하여 죄가 들어와서 이 교제를 끊어놓았고, 인간들은 하나님께서 주시는 축복을 더 이상 누리지 못하게 되었다. 이와 같이 하나님과의 긴밀한 교제를 거절한 인간의 행동을 하나님께서는 죄라고 말씀하신다.

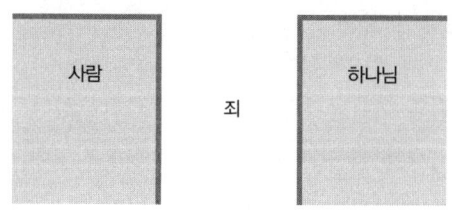

모든 인간의 상태

하나님께서는 인간의 상태를 다음과 같이 보여주신다.

당신은 죄인이다

"모든 사람이 죄를 범하였으매 하나님의 영광에 이르지 못하더니"

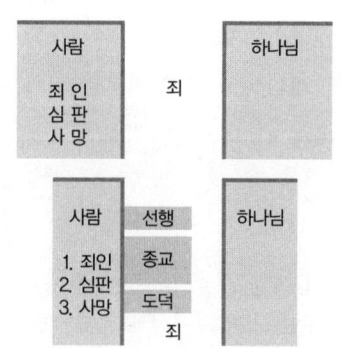

(롬 3:23).

당신도 죄를 범한 죄인이라는 사실이다. 이 죄는 당신의 마음에서 나와서 당신과 다른 사람들을 더럽히며 불행하게 한다.

당신은 심판을 받게 된다

공의로우신 하나님은 당신의 죄를 묵과할 수 없다.

"한번 죽는 것은 사람에게 정해진 것이요 그 후에는 심판이 있으리니"(히 9:27).

형벌은 사망 곧 지옥이다

"그러나 두려워하는 자들과 믿지 아니하는 자들과 흉악한 자들과 살인자들과 음행하는 자들과 점술가들과 우상 숭배자들과 거짓말하는 모든 자들은 불과 유황으로 타는 못에 던져지리니 이것이 둘째 사망이라"(계 21:8).

인간의 힘으로 구원받지 못함

이 문제를 해결하기 위하여 인간들은 선행의 공로를 쌓고, 도덕적으로 깨끗한 삶을 살며, 교육이나 철학 또는 어떠한 종교 의식을 충실히 행함으로 하나님께 나아가려고 열심히 수고하지만, 인간의 힘으로는 하나님의 의에 도저히 이를 수 없다.

"우리의 의는 다 더러운 옷 같으며"(사 64:6).

"너희는 그 은혜에 의하여 믿음으로 말미암아 구원을 받았으니 이것은 너희에게서 난 것이 아니요 하나님의 선물이라 행위에서 난 것이 아니니 이는 누구든지 자랑하지 못하게 함이라"(엡 2:8~9).

"만물보다 거짓되고 심히 부패한 것은 마음이라"(렘 17:9).

"어떤 길은 사람이 보기에 바르나 필경은 사망의 길이니라"(잠 14:12).

인간의 힘으로는 구원받을 수 없으나 해결할 수 있는 한 길이 있다!

하나님께서 당신을 위해 해주신 일

당신을 위한 하나님의 지혜가 있다. 하나님 없이 제 스스로 살아가는 모든 사람들은 죄와 하나님의 심판과 영원한 사망인 지옥 형벌을 향해 달려가고 있다. 그래서 우리를 사랑하시는 하나님께서 사람으로서는 할 수 없는 한

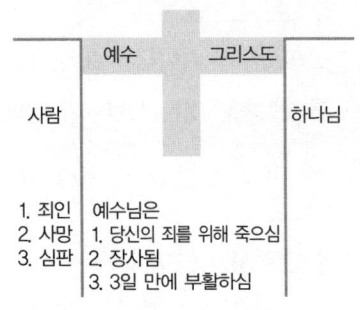

가지 놀라운 해결책을 마련해주셨다. 바로 예수 그리스도시다.

"우리가 아직 죄인 되었을 때에 그리스도께서 우리를 위하여 죽으심으로 하나님께서 우리에 대한 자기의 사랑을 확증하셨느니라"(롬 5:8).

예수님은 죄가 없는 분이셨지만 인간의 죄에 대한 형벌을 대신 받기 위해 십자가에 달려 죽으셨다. 이로써 하나님께서 요구하시는 공의가 만족되었다. 또한 하나님께서는 그를 죽은 자 가운데서 3일 만에 다시 살리셨다.

"내가 받은 것을 먼저 너희에게 전하였노니 이는 성경대로 그리스도께서 우리 죄를 위하여 죽으시고 장사 지낸 바 되셨다가 성경대로 사흘 만에 다시 살아나사"(고전 15:3~4).

그래서 예수님은 하나님으로부터 분리되었던 우리가 하나님께 갈 수 있는 유일한 다리가 되어주셨다.

"내가 곧 길이요 진리요 생명이니 나로 말미암지 않고는 아버지께로 올 자가 없느니라"(요 14:6).

어떻게 당신이 영생을 얻을 수 있는가?

다리는 놓여졌고 하나님의 약속은 주어졌다. 그러나 당신이 그 다리를 건너가지 않는 한 결코 영생을 얻을 수 없다. 하나님께서는 당신이 어떻게 그 다리를 건너갈 수 있는지도 말씀하셨다.

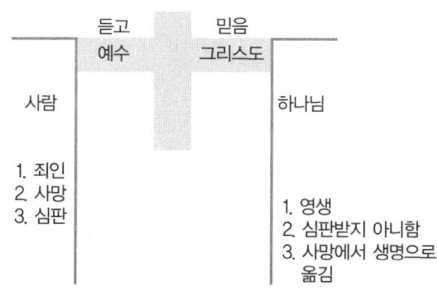

"내가 진실로 진실로 너희에게 이르노니 내 말을 듣고 또 나 보내신 이를 믿는 자는 영생을 얻었고 심판에 이르지 아니하나니 사망에서 생명으로 옮겼느니라"(요 5:24).

당신은 그리스도가 하나님의 아들로서, 죄를 지어 형벌을 받을 수밖에 없는 우리를 대신해서 죽으셨고 죽음을 이기고 살아나셔서 하나님께로 갈 수 있는 유일한 구세주라는 것을 들었다. 이제는 들은 것을 믿기만 하면 된다. 당신이 들은 말씀을 믿으면 다음과 같은 하나님의 약속을 누리게 된다.

- 영생을 얻었고(현재)
- 심판에 이르지 아니하나니(미래)
- 사망에서 생명으로 옮겼느니라(과거)

* 성경에서 이 모든 동사는 현재 분사형으로 씌어 있다.

당신은 선택할 수 있다!

"아들을 믿는 자에게는 영생이 있고 아들에게 순종하지 아니하는 자는 영생을 보지 못하고 도리어 하나님의 진노가 그 위에 머물러 있느니라"(요 3:36).

어느 쪽을 택하겠는가?

"영접하는 자 곧 그 이름을 믿는 자들에게는 하나님의 자녀가 되는 권세를 주셨으니"(요 1:12).

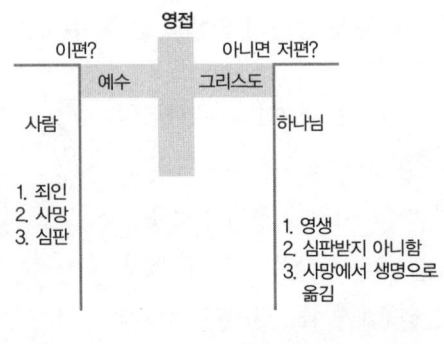

그래서 예수님을 나의 구세주로 영접하는 사람은 하나님의 자녀가 된다. 어느 쪽에서 영생을 보낼 것인지는 당신이 스스로 결정해야 한다. 하나님과 멀어진 상태로 죄와 하나님의 심판과 영원한 사망이 기다리는 자리에 서 있든지, 하나님께서 약속하신 의인과 심판에 이르지 아니함과 영원한 생명, 풍성한 삶이 약속된 자리에 서 있든지 선택은 형제(자매)에게 달려 있다. 예수님께서는 지금 형제(자매)의 마음 문을 두드리고 계신다.

"볼지어다 내가 문 밖에 서서 두드리노니 누구든지 내 음성을 듣고 문을 열면 내가 그에게로 들어가 그와 더불어 먹고 그는 나와 더불어 먹으리라"(계 3:20).

당신은 지금 마음의 문을 열고 예수 그리스도를 모셔들일 수 있다. 예수님을 믿기 원하는가? 그러면 지금 하나님께 다음과 같이 기도하라.

"예수님, 저는 죄인임을 시인합니다. 그리고 예수님께서 저를 사랑하셔서 저의 죄 때문에 십자가에서 죽으신 것을 감사드립니다. 이제 예수님을 저의 구주로 믿고 제 마음에 모십니다. 제 마음에 들어오셔서 제 삶을 다스려주옵소서. 예수님의 이름으로 기도합니다. 아멘."

구원의 확신

진심으로 당신의 마음에 들어와 달라고 예수님께 기도하였는가? 그렇다면 예수님께서는 지금 어디에 계시는가? 그렇다. (내 마음속에 계신다.) 그러면 당신은 무엇을 소유하게 되었는가? (예수 그리스도) 이제 하나님께서는 당신을 고아와 같이 버려두지 않고 함께하시며 당신의 삶을 풍성하게 하실 것이다(요 10:10).

다리 예화 복음전도의 장점

짧은 시간, 즉 몇 분 동안에 할 수 있으므로 언제 어디서나 가능한 것이 장점이다. 또한 전도자와 듣는 자에게 부담이 없고 그림을 그리면서 하기 때문에 듣는 자가 지루하지 않다. 무엇보다도 강력한 것은 여기서 인용되는 성경 핵심구절의 능력이다. 하나님의 말씀은 듣는 자의 마음에 변화를 일으킨다. 그리고 전도자가 펜으로 짚어가면서 설명을 하므로 시선을 집중시킨다. 또한 의문문이 아니라 평서문으로 부담 없이 전하며 동화를 듣듯이 편안하게 진행된다. 전도는 반드시 순종해야 하는 지상 명령이므로 먼저 가족이나 친척이나 친구와 동료들에게 시도해보자.

제4장
국제 전도폭발(Ⅲ) 복음제시 방법[4]

다른 이로써는 구원을 받을 수 없나니 천하 사람 중에 구원을 받을 만한 다른 이름을 우리에게 주신 일이 없음이라 하였더라(행 4:12)
우리가 아직 죄인 되었을 때에 그리스도께서 우리를 위하여 죽으심으로 하나님께서 우리에 대한 자기의 사랑을 확증하셨느니라(롬 5:8)

주제 제기

교회가 세워진 목적은 사랑과 섬김을 통해 영생의 삶을 보여주고, 사람들로 하여금 영원한 생명을 얻게 하며, 그것을 더 풍성히 누리는 법을 전해주는 데 있습니다. 그런데 교회의 역사를 보면 영생의 기쁜 소식을 전하는 일에 상당히 미약했습니다. 그 결과 많은 사람들이 교회에 다니면서도 영생을 얻지 못했습니다. 그런데 어느 날 저는 영생을 얻었습니다. 이제 제가 오늘 밤 이 세상을 떠난다 할지라도 천국에서 눈뜰 확신이 있어서 매우 기쁩니다.

♠주제전환 : 질문 하나 드려도 되겠습니까? (두 가지 진단 질문)
질문 1 (선생님), 만일 오늘 밤에 이 세상을 떠난다면 천국에 들어갈 것을 확신하고 있나요? [자신이 없는데요.] 네 그러시군요. 저도 영생을 얻기 전에는 그랬어요. 그런데 성경을 보면 이런 말씀이 기록되어 있어요. "너희에게 이것을 쓰는 것은 너희로 하여금 너희에게 영생이 있음을 알게 하려 함이라"(요일 5:13). 성경이 기록된 목적 자체가 우리에게 영생이 있다는 것을 알려주기 위함입니다. 그럼, 제가 영생 얻은 것을 어떻게 알게 되었는지 또한 (선생님)도 어떻게 하면 그것을 알 수 있는지 말씀 드려도 되겠습니까? [예.] 그러면 먼저 이것을 좀더 분명히 해줄 질문을 하나만 더 드리겠습니다.

질문 2 (선생님), 만일 오늘 밤 이 세상을 떠나 하나님 앞에 가서 섰는데, 그때 하나님께서 (선생님)에게 "내가 너를 나의 천국에 들어오게 할 이유가 무엇이겠느냐?"하고 물으신다면 어떻게 대답하겠습니까? [글쎄요, 나름대로 성실히 살고 또 남을 위해 좋은 일을 해서 가지 않을까 하는데요.]

제가 (선생님)의 대답을 바로 이해했는지 알고 싶군요. 그러니까, (선생님)은 "성실하게 살았고, 남을 위해 좋은 일을 많이 했기 때문이라고 대답하겠다"는 것이지요? [예.]

♠주제전환 : 오늘 저는 (선생님)을 뵙고 기쁜 소식을 전해드리고 싶었습니다. 그런데 (선생님)의 대답을 듣고 보니 선생님에게 가장 기쁜 소식을 전해드릴 수 있겠군요.

---

4) 제임스 케네디, 김만풍 역, 『전도폭발』, (서울:생명의말씀사, 1984), pp. 39~48.
　두란노서원출판부, 『전도방법론철저분석』, (서울:도서출판두란노, 1992), pp. 51~61.

복음 설명

은혜

그 기쁜 소식은 천국(영생)은 값없이 주시는 하나님의 선물이라는 것입니다. 성경에 보면 "하나님의 은사(선물)는 그리스도 예수 우리 주 안에 있는 영생이니라"(롬 6:23)고 말씀하고 있습니다. 하나님께서 영생을 우리에게 선물로 주신다는 것이지요. 사실 우리가 살면서 생명과 관계되는 가장 중요한 것들은 다 선물로 받았습니다. 예를 들어 밝은 햇빛, 공기, 물 등은 값없이 받고 있는 것이지요. 이와 같이 천국도 하나님께서 우리에게 선물로 주신다는 것입니다. 그렇기 때문에, 천국은 돈이나 공로나 자격으로 얻는 것이 아닙니다. 성경에서는 "너희는 그 은혜에 의하여 믿음으로 말미암아 구원을 받았으니 이것은 너희에게서 난 것이 아니요 하나님의 선물이라 행위에서 난 것이 아니니 이는 누구든지 자랑하지 못하게 함이라"(엡 2:8~9)고 말씀하고 있습니다.

영생은 선물로 값없이 받는 것이기 때문에 우리가 아무리 돈을 많이 내고, 공로를 쌓고, 종교적 행위로 어떤 자격을 얻는다 해도 그것으로 천국의 영생을 얻을 수는 없습니다.

♠주제전환 : 이것은 성경이 인간에 대해서 말씀하고 있는 것을 이해할 때 분명히 알 수 있습니다.

인간

인간은 죄인입니다. 성경은 "모든 사람이 죄를 범하였으매 하나님의 영광에 이르지 못하더니"(롬 3:23)라고 말씀하고 있어요.

죄의 정의

성경에서는 죄를 이렇게 말씀하고 있습니다.
1. (살인, 강도, 간음처럼) 하지 말라고 한 것을 하는 것
2. (효도, 이웃 사랑처럼) 하라고 한 것을 하지 않는 것
3. 잘못된 행위뿐 아니라 마음으로 잘못된 생각을 품는 것(미워하면 살인, 음욕을 품으면 간음, 탐심을 품으면 도둑질).
4. 하나님을 믿지 않는 것도 죄입니다(1,2,3 모두를 인정하지 않을 경우 인용하라). 이런 기준에서 본다면 (선생님)은 하루에 몇 번이나 죄를 짓는다고 생각하세요? [하루에 수십 번도 더 죄를 짓는 것 같군요.] 사실 저도 그래요.

♠주제전환 : 이것은 성경이 하나님에 대해서 말씀하고 있는 것을 이해할 때 분명히 알 수 있습니다.

하나님

하나님은 자비로우셔서 우리를 벌하는 것을 원치 않으십니다. 성경에는 "하나님은 사랑이심이라"(요일 4:8)고 말씀하고 있습니다. 그런데 "하나님은 사랑이심이라"고 말씀하고 있는 그 동일한 성경이, 하나님은 또한 의로우시기 때문에 우리 죄를 반드시 벌하셔야만 한다고 말씀합니다. 성경에 보면 "그러나 벌을 면제하지는 아니하고…… 보응하리라"(출 34:7)고 말씀하고 있어요.

은행강도 예화

어떤 무장 강도가 은행을 털다가 붙잡혀 왔습니다. 돈도 모두 돌려주고 사람도 해치지 않았습니다. 그렇다고 판사가 그 강도를 그대로 풀어준다면 그를 공의로운 판사라고 할 수 있겠습니까? 이 세상의 판사도 법

의 기준 때문에 범법자를 벌해야 하는데, 하물며 의로우시고 거룩하신 하나님께서 얼마나 더 우리 죄를 벌하셔야 하겠습니까? 성경이 형벌받을 자를 결단코 면죄하지 않으리라고 말씀하는 이유가 바로 여기 있습니다.

♠주제전환 : 자비로우셔서 우리를 벌하기를 원치 않으시지만, 의로우시기 때문에 우리의 죄를 반드시 벌하셔야만 하는 이 문제를 하나님께서는 예수 그리스도 안에서 해결하셨습니다.

예수 그리스도

예수 그리스도는 무한하신 하나님인 동시에 참 인간이십니다. 성경에서는 "태초에 말씀이 계시니라(여기서 말씀은 예수님을 가리킵니다) 이 말씀이 하나님과 함께 계셨으니 이 말씀은 곧 하나님이시니라 …… 말씀이 육신이 되어 우리 가운데 거하시매 우리가 그의 영광을 보니 아버지의 독생자의 영광이요 은혜와 진리가 충만하더라"(요 1:1, 14)고 예수님을 증거하고 있습니다.

예수 그리스도께서 오셔서 하신 일은 우리의 죄 값을 치르시고 우리에게 선물로 주실 천국(영생)의 처소를 마련하기 위하여 십자가에서 죽으시고 부활하신 것입니다. 그의 제자 중 하나인 도마가 사망을 이기신 주님의 승리를 보고 놀라 소리쳐 말하기를 "나의 주님이시요 나의 하나님이시니이다"(요 20:28)라고 하였습니다.

죄를 기록한 책 예화

제 오른손에 있는 이 책이 제 삶을 아주 상세히 기록해둔 책이라고 생각해봅시다. 여기에는 제가 지은 모든 죄, 제 마음에 스쳐간 모든 생각, 제가 한 모든 말과 행위가 낱낱이 기록되어 있습니다. 그런데 여기에 (오른손으로 책을 들어 올린다) 문제가 있습니다. 바로 이 책에 기록된 제

죄가 (책을 왼손 손바닥 위에 올려놓는다) 문제입니다. 하나님께서는 저를 (왼손 손등을 가리킨다) 사랑하시지만, 제 죄는 미워하셔서 (왼손 손바닥 위의 책을 가리킨다) 반드시 벌하셔야만 합니다.

이 문제를 해결하기 위해서 하나님께서는 (오른손을 위로 들어 올린다) 그의 사랑하는 아들을 이 세상에 보내셨습니다. (오른손을 책을 든 왼손의 위치와 나란히 내려놓는다.) 성경은 말하기를 "우리는 다 양 같아서 그릇 행하여 각기 제 길로 갔거늘 여호와께서는 우리 모두의 죄악을 그에게 담당시키셨도다"(사 53:6)(이 대목에서 단번에 분명한 동작으로 왼손의 책을 오른손에 옮겨놓는다)라고 했습니다.

하나님께서 미워하시는 제 모든 죄가 (왼손에 시선을 두며) 그의 사랑하시는 아들 예수 그리스도에게로 옮겨졌습니다. (오른손으로 시선을 옮긴다.) 예수님께서는 친히 십자가에 달려 그 자신의 몸으로 우리 죄를 담당하기 위해 죽으시고 부활하셨습니다(벧전 2:24).

♠ **주제전환** : 그러므로 이 영생의 선물은 믿음으로 받습니다.

믿음

믿음은 천국 문을 여는 열쇠입니다. 여기에 열쇠 꾸러미가 있습니다. (열쇠 꾸러미를 보여준다.) 이 열쇠들은 모두 비슷해 보입니다. 그러나 이 열쇠들 중에서 저희 집 현관문을 여는 열쇠는 이것 한 가지뿐입니다. 마찬가지로 천국 문을 여는 바른 열쇠는 구원을 얻는 참 믿음뿐입니다. 그러나 비슷하지만 구원을 얻지 못하는 믿음이 있습니다. 구원을 얻는 참 믿음이 아닌 것은 단순한 지식적 동의와 일시적, 현세적 믿음입니다.

단순한 지식적 동의

이것은 세종대왕이나 이순신 장군을 역사상 실제 인물로 믿는 것처럼 예수 그리스도를 믿는 것입니다. 그 예수님이 지금 살아 계셔서 우리를 위해 무엇을 해주리라고 기대하지는 않는 것이지요. 이런 믿음은 귀신들도 가지고 있습니다. 성경에 보면 귀신이 "하나님의 아들이여 우리가 당신과 무슨 상관이 있나이까"(마 8:29)라고 말을 했습니다. 이 귀신은 예수 그리스도가 하나님의 아들이라는 사실을 분명히 알았지만, 예수님과 아무런 상관이 없었기 때문에 구원을 얻을 수는 없었습니다. 이런 지식적인 동의는 구원을 얻는 믿음이 아닙니다.

일시적, 현세적 믿음

사람들이 구원을 얻는 믿음에 대해 잘못 생각하는 것이 또 하나 있습니다. 바로 일시적, 현세적 믿음입니다. 이러한 믿음은 일시적, 현세적 문제가 일단 해결되거나 지나가고 나면 더 이상 그 일로 주님을 의지하지 않게 됩니다. 하지만 그것들은 다 이생의 것들, 곧 잠시 있다 지나갈 이 세상의 것들입니다. 지금 많은 사람들이 이 모든 일시적인 문제들을 위해서만 예수님을 믿고 있습니다. 오늘날 많은 사람들이 이러한 믿음만 가지고 있기 때문에 구원을 얻지 못하고 있습니다. 그러나 구원을 얻는 참 믿음은 우리의 구원을 위해서 오직 예수 그리스도만을 신뢰하는 것입니다. 성경에서는 "주 예수를 믿으라 그리하면 너와 네 집이 구원을 받으리라"(행 16:31)고 말씀합니다. 바로 이 믿음이 구원을 얻는 참 믿음이지요. 그러면 구원을 얻는 참 믿음에 대해서 이 의자를 가지고 설명을 해 드리겠습니다. (일어난다.)

♠주제전환 : 경건생활 동기

그리스도인들은 믿기만 하면 구원을 얻기 때문에 '아무렇게나 살아도 되겠네'라고 생각할 수 있습니다. 하지만 그리스도인들이 좀더 바르게 살려고 하는 동기는 구원을 얻기 위해서가 아니라 이미 구원받은 자로서 값없이 주신 영생의 선물에 대한 감사에 있습니다.

거지의 손 예화

믿음은 왕의 선물을 받기 위해서 내민 한 거지의 손과도 같습니다. 저는 수년 전에 깨끗하지 못하고 무가치한 손을 내밀어 만왕의 왕 되신 하나님으로부터 영생의 선물을 받았습니다. 그때 저는 이 선물을 받을 자격이 없었습니다. 지금도 자격이 없습니다. 그러나 저는 영생을 갖고 있습니다. 은혜로 얻은 것이지요.

결신

확인 질문

(진지한 자세로 한다.) 지금까지 성경의 가장 핵심적인 내용을 요약해서 말씀드렸는데, 이해가 되십니까?

결신 질문

지금 이 시간 온 우주 만물을 창조하신 하나님께서 (선생님)께 "사랑하는 아들/딸아, 내가 너에게 이 영생의 선물을 주기 원하는데 받겠느냐?"라고 묻고 계십니다. (선생님)께서는 이 영생의 선물을 받기 원하십니까? [네, 받겠습니다.] 감사합니다. 참 중요한 결정을 하셨습니다.

결신 설명

이것은 (선생님)의 일생에서 가장 중대한 결정이 되는 만큼 다시 한번 간단히 설명해드리겠습니다. 이 영생의 선물을 받기 원하신다면…….

• 신뢰의 대상을 옮기십시오. 지금까지는 구원을 위하여 (선생님) 자신

을 신뢰했지만 신뢰의 대상을 (선생님) 자신으로부터 예수님에게로 옮기셔야 합니다.
- 부활하여 살아 계시는 그리스도를 영접하십시오. 예수님은 십자가에서 돌아가시고 무덤에서 장사 지냄으로 삶을 끝내신 분이 아닙니다. 부활하셨고 지금도 살아 계셔서 이 자리에 우리와 함께 계십니다.
- 그리스도를 구주로 영접하십시오. 성경에 보면 "볼지어다 내가 문 밖에 서서 두드리노니 누구든지 내 음성을 듣고 문을 열면 내가 그에게로 들어가 그와 더불어 먹고 그는 나와 더불어 먹으리라"(계 3:20)라는 약속의 말씀이 있습니다. 죄에서 건져주신 예수 그리스도를 구주로 영접해야 합니다.
- 그리스도를 주님으로 영접하십시오. 이제까지는 (선생님) 자신이 인생의 주인이었습니다. 이제부터는 (선생님)을 지으시고 또한 잘 아시며 가장 좋은 것 주시기를 원하시는 예수 그리스도를 (선생님)의 삶의 주인으로 모셔 들어야 합니다.
- 끝으로 회개하십시오. 이제까지 (선생님)이 살아온 삶은 하나님과 등진 삶이었습니다. 교통 표지판의 유턴처럼 (선생님) 마음대로 살아온 삶의 방향을 돌이켜서 하나님께로 향하는 삶의 방향 전환을 회개라고 합니다. 이렇게 하기를 원하십니까? [예.]

결신 기도

참으로 (선생님)이 이렇게 하기를 원하신다면 제가 기도 인도를 해드리겠습니다. 제가 먼저 (선생님)을 위해 기도한 다음, 저를 따라서 한마디씩 기도하시면 됩니다.

그를 위해 기도한다(이해하고 믿고 회개하도록).

"참 좋으신 하나님 아버지, 감사합니다. 이 시간 예수님께서 생명까지 아끼지 않고 이루어놓으신 복된 소식을 (선생님)으로 하여금 듣게 하시니 감사합니다. (선생님)이 이 기쁜 소식을 잘 이해하고 믿고 회개할 수 있도록 도와주십시오." (선생님), 성경 말씀에 "두세 사람이 내 이름으로 모인 곳에는 나도 그들 중에 있느니라"(마 18:20)고 했습니다. 지금 여기 예수님께서 우리와 함께하십니다. 진실한 마음으로 저를 따라 한 마디씩 예수님께 기도하십시오.

그와 함께 기도한다(한 번에 한마디씩 복음의 부분들을 개인적으로 적용하도록).

"주 하나님, 저는 죄인입니다. 지금까지 저는 제 자신과 자신의 행위만을 의지하여 살아왔습니다. 이 죄에서 돌아서서 예수님만 의지하기로 결심합니다. 이 시간 제 마음의 문을 엽니다. 제 안에 들어와 저의 죄를 용서하시고, 저의 삶을 주관하여 주옵소서. 값없이 주신 영생의 선물로 인해서 감사를 드립니다. 앞으로는 예수님만 믿고 의지하며 살겠습니다. 예수님의 이름으로 기도합니다. 아멘."

그를 위해 기도한다(구원의 확신을 갖도록).

제가 (선생님)을 위해서 한 번 더 기도해 드리겠습니다. "사랑이 많으신 하나님 아버지, 감사합니다. 이 시간 우리에게 약속하신 말씀을 믿고 기도를 드렸습니다. '영접하는 자 곧 그 이름을 믿는 자들에게는 하나님의 자녀가 되는 권세를 주신다'고 하신 말씀대로 이 시간 하나님께서 (선생님)에게 영생을 주시고 하나님의 자녀 되게 하신 것을 인하여 감사드립니다. (선생님)이 예수님을 믿음으로 모든 죄를 용서받았음을 확신하고 하나님의 자녀 된 기쁨을 가지고 살아가도록 인도해주옵소서. 앞으로 (선생님)의 삶에 하나님께서 복을 내려주시고 언제나 주님께서 도와주옵소서. (선생님)이 기도할 때 응답해 주시고 가는 길마다 전능하신 주님께서 동행하여 주옵소서. 예수님 이름으로 기도합니다. 아멘."

구원의 확신

방금 (선생님)이 결정하고 기도하신 일에 대해 예수님께서 말씀하신 것을 읽어주시면 좋겠습니다.

요한복음 6장 47절을 읽어주시겠어요? (성경을 펴서 보여준다.) "진실로 진실로 너희에게 이르노니 믿는 자는 영생을 가졌나니." 믿는 자는 무엇을 가졌다고 했죠? [영생입니다.] 영생을 가질 것이라고 했나요? 이미 가졌다고 했나요? [가졌다고 말하고 있어요.] 그럼 지금 이 시간 믿는 사람은 누구예요? [저예요.] 믿는 '자' (손가락으로 '자' 자를 가리킨다) 대신 (선생님)의 이름을 넣어서 읽어주세요. ["진실로 진실로 ○○○에게 이르노니 믿는 ○○○는 영생을 가졌나니."] 이 말씀에 근거해서 제가 다시 (선생님)에게 질문을 드릴게요.

확신 질문(진단 질문 1) : (선생님) 만일 오늘이라도 이 세상을 떠난다면 어디에서 눈을 뜰 것을 확신합니까? [천국에서요.]

하나님의 이유(진단 질문 2) : 하나님께서 "내가 너를 나의 천국에 들어오게 해야 할 이유가 무엇이냐"고 물으신다면 어떻게 대답하겠습니까? [예수님을 믿기 때문입니다.]

즉석 양육

하나님의 가족으로의 환영

하나님의 자녀가 된 것과 하나님 가족의 일원이 된 것을 축하드립니다. (전도 대원들이 함께 박수를 치면서 축하한다.)

양육 소책자 : 「함께 성장해요」

환영 : 하나님의 자녀가 된 것, 즉 영적 생일을 축하합니다. 축하의 뜻에서 준비한 책입니다.

양육 책자 : 「함께 성장해요」, '나의 영적 생일 카드'를 읽고 서명한다.) 여기 있는 '그리스도에 대한 나의 결정'을 한 번 읽어주시겠어요? 이것이 (선생님)의 결정이지요? [예.] 여기에 날짜를 쓰고 (선생님)이 서명을 해주세요. 제가 오늘 (선생님)에게 이 복음을 전해 드려서 (선생님)이 영생의 선물을 받은 것에 대해 증인으로서 서명하겠습니다. 제 이름도 여기 써드리겠어요. (선생님)께서 신앙 생활을 하면서 궁금한 점이 있거나 도움이 필요한 것이 있으면 언제든지 연락(전도자의 이름과 전화번호)을 해주세요. 제가 힘닿는 데까지 도와드리겠습니다.

신앙 성장의 다섯 가지 방편 : 성경(7일 후 재방문), 기도, 예배, 교제, 전도

㉮ 성경(요한복음을 하루에 한 장씩 읽으십시오.) : 성경은 영혼의 양식입니다. 우리가 밥을 잘 먹어야 몸이 건강하듯이 하나님의 말씀을 읽어야 우리의 영혼이 건강해질 수 있습니다. 이 성경책을 오늘부터 하루에 한 장씩 읽어보세요. (쪽 복음으로 된 요한복음을 준다.) 여기 뒤에 보면 요한복음 개인 성경 공부라고 해서 문제가 나와 있습니다. 요한복음 7장까지 읽어보면 답이 다 나와요. 어렵지 않을 거예요. 제가 1주일 후 이 시간에 다시 한번 방문해도 되겠지요? [예.] 그때 그동안 읽은 말씀 중에서 참 좋았던 말씀을 서로 나누고, 또 이해가 잘 되지 않은 부분은 제가 설명을 해드릴게요. 저도 많이 부족한데 제가 모르는 것은 목사님께 여쭤서 도와드리도록 하겠습니다.

㉯ 기도 : 둘째로 기도를 해야 합니다. 기도는 영혼의 호흡입니다. 우리가 잠시라도 숨을 쉬지 않으면 살 수 없듯이 기도하지 않으면 갓 태어난 영적인 생명이 잘 자랄 수 없습니다. 사람들은 기도하는 것을 어렵다고 생각하는데 제가 아주 쉽게 기도하는 방법을 가르쳐 드릴게요. 먼저 이렇게 손을 한번 모아보세요. 손가락 다섯 개를

기도의 다섯 기둥으로 한번 생각해보세요.
- 엄지 – 하나님 아버지! 맨 먼저 우리가 기도할 때 그 대상을 부르는 거예요.
- 검지 – 감사합니다. 영생의 선물을 주신 것, 건강 등 감사한 일들을 말씀드리세요.
- 장지 – 용서를 구합니다. 실수하고 잘못한 것을 하나님께 다 용서해 달라고 하세요.
- 인지 – "도와주세요"라고 말씀하세요. 우리 연약한 인생은 하나님의 도움이 없이는 살 수 없어요.
- 약지 – 예수님의 이름으로 기도합니다. 아멘(아멘은 '동의합니다, 기도대로 이루어지기를 원합니다' 라는 의미입니다).

한 번 해보세요. "하나님 아버지! 감사합니다. 용서해주세요. 도와주세요. 예수님의 이름으로 기도합니다. 아멘."

㉯ 예배 : 예배를 드려야 해요
㉰ 교제 : (선생님)이 믿음 안에서 성장하도록 도와줄 그리스도인들과 교제를 나누세요(모임 소개).
㉱ 전도 : 내가 얻은 이 영생의 기쁜 소식을 다른 사람들에게 전해야 해요. 하나님의 구원의 역사는 믿는 사람이 믿지 않는 사람에게, 아는 사람이 모르는 사람에게 전해서 여기까지 오게 된 것입니다.

교회 예배참석 약속
네, 그러면 이번 주일날 교회에서 만나뵐 것을 약속하고요, 이렇게 오랜 시간 동안 이야기를 잘 들어주셔서 참 감사합니다. 1주일 후 이 시간에 다시 찾아뵙겠습니다. [네.] 정말 감사합니다.

제5장
관계중심 전도

요한의 말을 듣고 예수를 따르는 두 사람 중의 하나는 시몬 베드로의 형제 안드레라 그가 먼저 자기의 형제 시몬을 찾아 말하되 우리가 메시야를 만났다 하고(메시야는 번역하면 그리스도라) 데리고 예수께로 오니(요 1:40~42)
사울이 예루살렘에 가서 제자들을 사귀고자 하나 다 두려워하여 그가 제자 됨을 믿지 아니하니 바나바가 데리고 사도들에게 가서 그가 길에서 어떻게 주를 보았는지와 주께서 그에게 말씀하신 일과 다메섹에서 그가 어떻게 예수의 이름으로 담대히 말하였는지를 전하니라 사울이 제자들과 함께 있어 예루살렘에 출입하며(행 9:26~28)

가장 중요한 단어 : 관계

오스카 톰슨은 「관계중심 전도」에서 우리가 사용하는 언어에서 고유명사를 제외하고 가장 중요한 단어는 '관계'라고 했다. 관계는 선로이며 사람은 그 위를 굴러간다. 사람은 관계를 통하여 움직이고, 사람의 가장 깊은 열망을 만족시켜주는 것은 다른 사람과의 관계이다. 현대인의 문제의 대부분은 관계의 문제이다. 그러므로 인간관계, 사회적 관계야말로 복음전도에 있어서 최상의 수단이 된다. 어떤 기존 신자나 불신 이웃도 주위와 관계를 형성하지 않은 사람은 없기 때문이다.

성경에서 보는 생활양식 전도는 이미 수립된 관계를 통해서 효력이 발생되었다. 안드레는 베드로에게, 빌립은 나다나엘에게, 우물가의 여인은 자기 마을 사람들에게, 간수는 그 집의 모든 사람에게 복음을 전했다. 우리도 모든 이웃에게 사랑의 다리를 놓고, 관심을 갖는 모든 관계 속에서 가능성을 최대한 살펴야 한다.

교회성장연구소(NCD)에서 14,000명에게 여러 차례 설문조사를 했다. "당신을 그리스도와 교회로 인도한 역할을 한 사람은 누구입니까?" 이 질문에 다음과 같은 결과가 나왔다. 친구나 친척, 이웃의 권유가 86%, 노방 전도와 목회자가 각각 6%, 주일학교가 4~5%, 광고가 2%, 자진해서 나온 경우가 2~3%, 전도집회가 0.5%였다. 여기에 나타난 결론은 관계가 중요하며 중요한 관계 속에서 예수님을 믿거나 교회에 출석하게 된다는 사실이다. 이 통계가 보여주는 분명한 메시지는 대부분의 사람들이 가족, 친척, 친구, 이웃, 직장 동료 등 주변 사람들에 의해 예수님을 믿게 되었다는 것이다. 이것이 가장 자연스럽고 효과적인 전도방법이다. 그러므로 관계중심의 전도가 이루어질 때 전도의 가능성이 높다.[5]

관계중심 전도 이해

관계중심 전도는 나와 관계되는 사람을 중심으로 전도하는 것을 말한다. 친구, 가족, 친척, 직장동료 등이 이에 해당한다. 이를 중심으로 취미별, 계층별로 파고들면 접촉점이 크다. 특히 가정전도에 참여한 새신자 중 역사가 일어난 사람을 중심으로 파고들면 된다.

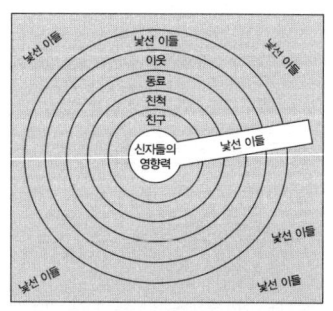

관계의 영역

사람들은 대개 일곱 개 정도의 관계의 동심원을 갖고 있다. 중심부의

---

5) 엘머 타운즈, 김미경 역, 『네트워킹 전도·양육』, (서울:도서출판나침판, 1994), p. 18.

자신에서부터 가족들, 친척들, 친한 친구들, 직장 동료, 이웃 사람들, 아는 사람들, 잘 모르는 일반 사람들이다. 복음은 인접한 노선을 움직여 간다. 하나님께서는 우리의 영향권 안에 있는 모든 사람들에 대하여 우리에게 책임을 맡기신다.

복음으로 준비된 사람

복음으로 준비된 사람은 하나님께서 쓰신다. 먼저 우리가 훈련되고 다듬어져 있어야 한다. 전도훈련은 다듬어지고 준비되기 위해서 우리가 먼저 은혜를 받아야 하기 때문에 필요하다. 하나님의 일꾼은 믿음과 기능이 다 갖추어져 있어야 한다. 하나님께서 다윗을 들어 쓰신 것은 이스라엘 중에 가장 믿음이 좋은 이가 다윗이었고 그가 돌팔매질에 능했기 때문이다. 다윗에게는 믿음과 기능이 고루 갖추어져 있었다. 그래서 골리앗을 넘어뜨리게 된 것이다. 우리의 기능, 달란트를 잘 활용하여 전도하고, 전도되어 새로 태어난 영혼을 잘 양육해야 한다. 전도된 영혼을 잘 양육하는 것이 오늘날 교회에 결여되어 있는데, 반드시 양육이 체계적으로 진행되어야 한다.

전도를 위한 접촉점

생일과 기념일, 직업과 직장생활, 건강문제, 취미 모임, 학부모 모임 등 전도하고자 하는 대상(주로 가족이나 친지)의 구체적인 신상을 기록하고 있다가 생일카드를 보내거나 전화나 편지를 통해 사랑을 구체적으로 표현한다면, 그와 만나 복음을 전하기가 매우 쉽다. 하나님께서는 우리의 수고와 노력이 없어도 일하시지만, 우리의 수고에 따라 열매를 주신다.

관계중심 전도의 종류

가족전도

　가족을 전도하기에 앞서 가장 중요한 것은 관계 확립이다. 가족과 가장 밀접하고도 의미 있는 관계, 즉 사랑의 관계가 지속되고 있어야 한다. 노모에게나 자녀에게 먼저 따뜻한 사랑을 베푸는 것이 필요하다. 그렇게 하면 시기와 때가 온다. "가족 구원도 못했는데 어떻게 다른 이들을 전도하느냐?"고 말하는 사람이 있는데 이것은 옳은 말이 아니다. 하나님의 때가 다를 뿐이다. 그러나 때가 이르기 전에 사랑으로 좋은 관계를 유지하고 있으면 복음을 전해야 될 시기가 왔을 때 영접하기가 매우 용이해진다.

　결혼은 전도에 절대적인 영향을 끼친다. 만약 불신 결혼을 하면 가족 구원은 힘들게 된다. 가정에는 크고 작은 문제가 언제나 있다. 이것을 놓치지 말라! 크고 작은 문제는 사람을 피곤하게 만들지만 복음을 전하는 좋은 기회가 되기도 한다. 결코 좌절하지 말아야 한다. 가족 구원은 오랜 시간이 걸리고 좌절감을 안겨다 주기가 쉽다. 그러나 오랜 시간 동안 선을 행하다 보면 언젠가는 복음의 문이 열리고 주님을 영접하게 된다. 가족 구원의 열쇠는 무너진 관계를 바로 정립하는 것이다. 전도를 위해 사랑을 행하는 것이 관계중심 전도의 요점이다.

축호전도

　병자를 찾아가라. 병자를 찾아가면 효과가 있다. 이사 온 집을 가능하면 빨리 찾아가라(아파트 관리인을 잘 사귀어라). 이사 온 사람의 집은 반드시 찾아가야 한다. 이사 온 지 한 달쯤 후에 찾아가면 늦다. 이사 오자마자 찾아가서 시장도 안내해주고 근처의 평판 좋은 병원과 맛집 등을 알려주라. 또 아파트 관리인을 잘 사귀어서 이사 온 사람, 결혼식 등을 알아내어 인사하고 성경공부할 것을 권하라.

축호전도를 잘할 수 있는 방법

어린아이들을 모아 가정전도 운동을 시작하면 좋다. 어린아이들에게서 부모들의 형편을 알아볼 수 있고, 아이들의 나쁜 습관을 고쳐주며 학업에 신경을 써주면 부모들이 좋아한다. 그러나 너무 공부에 빠지면 주객이 전도되기 쉬우므로 조심해야 한다. 가정전도를 시작해놓고 문제 있는 사람을 초청하면 된다. 비록 전도가 되었다고 하더라도 처음에는 교회에 나오도록 잘 인도해야 한다. 교회 안내책자를 활용하면 좋다. 특히 도시에는 낙심자, 이주자가 많기 때문에 설교 간증 테이프, 비디오, 슬라이드 등을 활용할수록 좋다. 항상 읽을 것을 남겨주고 와야 하며, 바쁜 시간은 피해야 한다.

노방전도

노방전도는 교회의 이미지와 홍보를 위한 전략으로 사용하는 것이 좋다. 교회 이름이나 행사명이 쓰인 어깨띠를 두르고 시선을 끌 수 있는 몸차림을 하면 선전 효과가 있어서 알고 찾아오는 사람들이 생긴다. 초대교회에서는 산업과 생명과 교육이 모두 다락방에서 이루어졌다. 사람이 많은 곳, 조용한 곳으로 가서 사람들이 많은 곳은 선전, 홍보하는 곳으로 활용하고 조용한 곳은 일대일로 만나기에 효과적이다. 성경은 길과 산울타리 가로 나가서 전도하라(눅 14:23)고 말씀한다. 노방전도를 할 때 합창단을 동반하거나 차와 커피, 음료수를 준비하여 돌리면 접촉점은 더욱 좋아진다.

태신자 전도운동

요즘은 전도를 일회성 또는 일시적인 활동으로 보는 경향이 있다. 한 시간 동안 전도지를 나누어주거나 하루를 선택하여 노방전도를 하고, 교회에서 일정한 기간을 선정하여 전도대상을 초청, 총동원하는 방법 등의 전도전략은 일정한 시간 동안 활동하면 끝나므로 전도의 수고에 비하여 전도의 결실이 매우 미흡하다. 또한 총동원 전도운동은 교회 홍보 효과나 성도들의 응축된 힘을 단기에 폭발시킬 수 있다는 장점이 있으나 일회성이라는 약점이 있고, 투자한 땀과 노력에 비해 정착률이 낮다.

태신자 전도 운동은 '작정된 전도 대상자'라는 뜻으로 '제자를 삼아'라는 말씀에 기원을 둔다(마 28:19~20). 어머니가 열 달 동안 아기를 뱃속에 간직했다가 출산하는 것과 같이 한 성도나 구역, 가족이 합심하여 구원을 목적으로 한 사람을 교회로 인도하기 위해 일정 기간(약 10개월) 동안 그 영혼을 위해 기도하고 전도하여 출산(결신)하는 전도운동을 말한다. 임신한 산모가 태아를 잘 돌보지 않고 행동하면 유산이 될 위험이 있듯이, 영적 산모는 태신자를 작정한 것으로만 만족하지 말고 적극적인 자세로 태신자(태아)를 돌보아야 한다. 이때 반드시 지켜야 할 몇 가지(6가지) 수칙이 있다.

- 정기진단 : 산모가 매월 정기진단을 받다가 출산이 임박하면 매주 받듯이 영적 건강진단을 받는다.
- 초음파 검사 : 계속적인 관심을 가지고 전화나 방문 등으로 자주 만나서 사랑을 표현한다.
- 영양 섭취 : 매일 말씀과 기도와 봉사(운동)로 영적 영양을 잘 섭취하여 건강을 위해 힘쓴다.
- 유산 예방 : 산모처럼 규칙적인 신앙생활로 자신과 태신자의 생명 관리에 최선을 다한다.
- 태교 : 균형 있는 성장과 교회와 복음에 대한 선한 이해를 할 수 있도록 주보, 설교 테이프 등을 소개한다.

- 순산 : 임신과 더불어 기대되는 가장 중요한 순간이다. 이때 최고의 정성이 들어가야 하고 이때를 위해 잘 준비해야 한다. 기도와 수고로 건강한 생명이 탄생하도록 마지막 힘과 정성을 다한다.

확실한 것은 "영생을 주시기로 작정된 자는 다 믿더라"(행 13:48)는 사실이다. '관심의 동심원'을 제시한 오스카 톰슨에 의하면 복음은 인접한 관계의 노선 위로 움직여간다. 나의 영향권 안에 있는 모든 사람에 대하여 나는 책임이 있다. 심지어 나와 다툰 적이 있는 친구, 나를 오해했던 이웃, 갈등하고 있는 고용인과 고용주 등 우리는 일생 동안 주위 사람들과 매우 다양한 관계를 맺으며 살아가는데, 그들 모두 전도의 대상자가 되어야 한다.

- 모든 성도가 집안 식구, 이웃, 직장 동료들을 작정한다.
- 이웃(옆집, 앞집, 뒷집, 단독 주택, 아파트, 빌라, 세든 사람, 집주인 등)
- 자주 대하는 사람(거래처 주인, 단골 손님, 친한 사람, 직장 동료, 특별한 모임, 학교 동창, 반상회원, 취미 그룹 회원, 자녀 친구의 부모, 우편과 신문과 우유 배달원, 미용실, 경로당, 고향 사람 등)
- 동네로 이사 온 지 얼마 안 되어 아직 교회를 정하지 못한 사람
- 교회에 대한 호기심과 관심이 있는 사람, 낙심한 사람 등.

필요중심 전도

미국 신시내티에 있는 한 교회는 전도에 대한 사명 선언문이 있다. 이 교회는 "우리 교회는 지역사회를 섬기기 위해서 존재합니다"라는 사명을 외치고 실천한다. 필요중심의 전도는 성도들 누구나 할 수 있는 것이 특징이다. 어린아이에서 노인들까지 남녀노소를 막론하고 참여할 수 있다. 그리스도인이라면 누구나 하나님께 받은 은사(달란트)가 있다. 그러나 필

요중심의 전도는 모든 그리스도인이 전도자가 되도록 돕는다.

필요중심 전도는 불신자를 대상으로 '필요성'에 접촉점을 두고 전도한다. 사람들의 필요를 채워주는 방법으로 사람들의 삶을 통해 전도를 시도한다. 사람은 누구나 생활 속에서 충족되기 원하는 필요가 있다. 그러므로 생활 속에서 그 필요를 찾아 도와주고 섬기고 채워줌으로써 전도를 시도하면 더욱 효과적으로 전도를 할 수 있다.

필요중심 전도는 막연하게 '전도합시다' 라고 말하지 않는다. 구체적인 전도의 방법들을 제시하고, 지역사회 현장을 찾아가며, 섬김을 통해 사회에 접촉하고 전도를 하게 한다. 필요중심의 전도에는 세 가지 전략이 있다. 첫째는 지역사회 중심의 전도전략이고, 둘째는 사람관계 중심의 전도전략이며, 셋째는 봉사사역 중심의 전도전략이다. 각각의 전략에 대한 구체적인 접근 방법들이 100가지 이상 제시된다.

또한 필요중심의 전도는 효과적으로 접근하기 위해서 전도 대상자를 A, B, C 유형으로 분류하고 각 유형에 따라 다른 접근 방법을 제시한다. 누구나 쉽게 할 수 있다는 것이 필요중심 전도방법의 가장 큰 장점이다. 기존 교회에 필요중심의 전도방법을 적용하기 원한다면 교회 조직을 내적 조직과 외적 조직으로 나누면 더 효과적이다. 내적 조직은 교육과 훈련을 위한 교회 내 위원회 조직이고, 외적 조직은 헌신과 봉사를 통한 지역사회의 필요지향적인 조직이다. 외적 조직은 친교그룹을 구성하여 불신자에게 접근하는 다양한 전도방법을 활용한다.

섬김의 구체적인 전도방법을 제시하는 것이 필요중심 전도방법이다. 필요중심 전도는 한 마리의 잃어버린 양을 찾아나서는 목자나 탕자의 아버지처럼 아비의 심정을 가지는 것이다. 우리의 관심은 다음과 같은 것들이다.

"어떻게 하면 더 많은 성도를 전도에 동참시킬 수 있을까?"

"어떻게 하면 지역사회의 수많은 사람들에게 더 의미 있게 접근할 수 있을까?"

"어떻게 하면 전도와 양육, 섬김과 감동을 사람들에게 줄 수 있을까?"

맞춤 전도

복음을 전하실 때 예수님께서는 복음을 듣는 대상의 수준과 필요에 따라 다른 방법으로 설명하셨다. 니고데모에게는 거듭남으로 들어가는 하나님 나라에 대하여 설명하셨고, 사마리아 여인에게는 처음부터 끝까지 '물'이라는 단어로 하나님과 구원을 설명하셨다. 영생을 얻는 방법을 묻는 젊은 부자 관원에게는 재산을 다 가난한 사람들에게 주고 예수님을 좇으라고 하셨지만, 여리고의 세리장 삭개오에게는 그런 요구를 하지 않고 먼저 친구가 되어주겠다고 하셨다. 불의한 방법으로 재물을 축적한 삭개오에게 재산을 다 팔아 가난한 사람들에게 주라고 말씀하시고, 어려서부터 경건한 생활을 추구한 부자 관원에게 '내가 오늘 네 집에 유하여야 하겠다'라고 말씀하시는 것이 더 합당하지 않을까? 그러나 예수님께서는 두 사람의 필요를 정확하게 아셨고 그들의 필요에 맞는 말씀을 하셨다. 예수님의 메시지는 한마디로 맞춤 메시지였다.

사도 바울은 고린도전서 9장 20절에서 "유대인들에게 내가 유대인과 같이 된 것은 유대인들을 얻고자 함이요 율법 아래에 있는 자들에게는 내가 율법 아래에 있지 아니하나 율법 아래에 있는 자같이 된 것은 율법 아래에 있는 자들을 얻고자 함이요"라고 하였다. 바울은 복음을 전하기 위해 철저하게 '대상자 중심'의 태도를 가졌다. 복음을 변질시키지 않으면서 복음을 대상에 맞게 전하겠다는 것이다.

예수님께서는 왜 대상에 따라 다른 메시지를 사용하셨을까? 바울은 왜 대상자 중심의 태도를 견지하였을까? 복음은 똑같지만 복음을 듣는 대상자들의 필요에 따라 복음과의 접촉점이 다르기 때문이다. 죄의 본질은 같으나 죄의 양상이 다르기 때문에 사람마다 복음을 다르게 받아들일 수 있다.

맞춤 전도집회의 전략

기업의 마케팅 활동에서 대상이 되는 소비자의 필요를 정확하게 판별하는 것은 상식이다. 이러한 마케팅 원리를 교회의 전도집회에 적용해보자는 생각에서 ○○○교회의 맞춤 전도집회는 시작되었다. ○○○교회의 맞춤 전도집회는 3단계의 과정을 통해서 실행된다.

- 1단계 : **대상 세분화**

전도집회를 효과적으로 실행하려면 대상을 세분화하는 것이 필수적이다. 대상을 세분화하는 것은 복음전달의 효과를 증대시킨다. 가장 우선적인 요소는 연령이다. 20대의 필요와 50대의 필요는 전혀 다르다. 따라서 복음의 접촉점도 다르다. 또한 직업이나 관심분야가 같은 사람들끼리 형성된 동질 그룹을 한 단위로 세분화하는 것은 매우 효과적이다. ○○○교회가 40대 남성을 1차 대상으로 했을 때는 시대적으로 40대 기수론과 더불어 40대 위기론이 팽배했을 때다. 한 광고 기획사의 조사에 의하면 우리나라 40대 남성은 다른 연령대에 비해서 삶에 대한 만족도가 가장 낮았으며, 가장 많은 스트레스를 받고 있었다.

- 2단계 : **필요 분석**

연령별로 대상을 세분화했다면 우선적으로 인간 심리발달적인 측면에서 그 세대의 필요를 파악해야 한다. 전도사역 팀에서는 요청자들과의 긴밀한 협조를 통해 대상자에 관한 상세한 정보를 파악해야 한다. 필수적으로 파악해야 하는 내용은 복음에 대한 수용도, 대상자가 처한 특별한 어려움(이혼이나 사업상의 부도 등), 건강상태 등이다. 가능하면 경제적인 형편과 사회적 지위도 파악하는 것이 좋다. 이러한 요소들을 종합하여 대상자 분석을 하면 집회에 참석할 대상자들의 영적 지도를 그릴 수 있고, 어떤 메시지와 프로그램으로 복음을 전해야 할 지 명확하게 규명할 수 있다.

• 3단계 : **커뮤니케이션**

맞춤 전도집회의 커뮤니케이션은 성도들을 대상으로 하는 홍보와 전도 대상자에 대한 홍보를 철저하게 구별한다. 모든 홍보물을 이중으로 제작한다. 그 이유는 성도들에게 전도의 중요성을 알리는 홍보가 전도 대상자에게는 비효과적이기 때문이다. 맞춤 전도집회의 탄생은 테마를 잡는 작업에서 사실상 결판이 난다. 집회의 타이틀은 맞춤 전도집회의 캐릭터를 그대로 반영하는 역할을 함과 동시에 홍보와 프로그램 진행과 봉사, 메시지에까지 결정적인 영향력을 끼친다. 타이틀은 이미 분석된 대상 그룹의 필요에 적합한 것을 선정해야 한다.

40대 남성을 대상으로 하는 전도집회 타이틀은 일상에서 탈출하고 싶은 욕구를 반영하여 '40대 남성을 위한 모임, 비상구' 라고 붙였다. 그들에게 전한 메시지의 핵심은 예수 그리스도께서 그들의 '비상구' 가 되어 주신다는 것이다.

60대 남성을 위한 전도집회의 타이틀은 '앙코르' 였다. 60대 남성들은 '다시 한번 젊음을 누리고 싶다' 는 욕구가 있기 때문이었다. 그들에게 전한 메시지는 예수 그리스도께서 새로운 인생을 살게 해주실 수 있다는 것이었다. 세상 사람들은 잘했을 때만 앙코르를 외치지만 하나님께서는 우리의 삶이 어떠했던지 간에 앙코르를 외치며 제2의 인생을 시작하게 하신다는 메시지다. 보조 주제어는 '아버지의 얼굴, 아버지의 마음, 아버지의 집' 이었다.

50대 남성을 위한 전도집회의 타이틀은 '브라보' 였다. 50대 남성들이 잃어버린 '용기' 를 회복하라는 의미다. 아버지와 남편으로서가 아니라 한 남성으로서 정체성을 회복하는 것이다.

앙코르 집회 시에는 특별히 주일 아침에 '아버지를 찾습니다' 라는 호외 신문을 예배를 드리러 가는 교인들에게 교회 입구에서 나누어주어 관심을 갖게 한 후, 예배 시간에는 영상 홍보물을 통해 집회를 파악하게 하고, 예배 후 나오는 시간에 다시 풍선을 나누어주면서 전도에 대한 부담감을 즐거움으로 바꾸고 가족이 함께 노력해나가자는 분위기로 이끌었다.

○○○교회의 남성 전도집회는 디너쇼 형태의 스타일을 택했다. 불신자들에게 가장 편안하면서도 자연스러운 분위기는 식사하면서 참여할 수 있는 프로그램인데다, 아주 많은 수를 대상으로 한 것이 아니라 특정 계층만을 초대하여 그들을 정성껏 섬기고 그들에게 적합한 메시지를 전하는 것이 목적이었기 때문이다. 그래서 본당 의자를 치우고 원탁 테이블을 놓아 약 500여 명이 앉을 수 있는 자리를 마련하였다. 각 테이블에는 초청받은 전도 대상자들의 이름표를 세팅하여 본인을 위한 예약좌석이라는 느낌을 주도록 하였다.

맞춤 전도집회가 성공하려면 프로그램과 섬김과 메시지가 대상자들에게 맞춤형으로 조화를 이루어 제공되어야 한다. 맞춤 전도집회의 설교 스타일도 소위 복음공식이라고 말할 수 있는 교리적 체계를 일방적으로 전하는 것이 아니라, 각기 다른 세대별 고민과 상황에서 출발하는 메시지를 통해 복음을 그들의 현실과 연결하는 방향이었다. 결신방법 또한 각기 연령과 특성에 맞게 하였다. 40대 남성을 위한 비상구 집회에서는 설교 후 결신의 시간에 봉해진 봉투 안에 들어 있는 카드에 사인을 하게 했다. 60대 남성을 위한 앙코르 집회에서는 자녀들의 편지를 테이블 리더를 통해 나누어주어 읽게 하고 함께 담긴 결신카드에 사인을 하도록 권면하였다. 두 집회의 결신율은 비상구에서는 750명의 참석자 중 결신자 170명, 구도자 200명이었고, 앙코르에서는 550명의 참석자 중 결신자

250명, 구도자 130명이었다.

결신이 끝나면 대상자의 가족들이 밖에서 대기하고 있다가 꽃과 선물을 가지고 본당으로 들어와서 대상자들을 축복하며 함께 노래하는 시간을 갖도록 하였다. 앙코르 마지막 날에는 깜짝코너 형식의 생일 잔치도 특별히 준비하여 집회주간에 생일을 맞은 60대 다섯 명에 대한 특별한 축복의 시간을 가졌다. 2층에 자리 잡은 요청자 가족들이 1층의 대상자들을 향하여 어버이 노래를 부르는 감격적인 시간도 마련했다.

전도집회를 마친 후에는 결신자와 참석자 모두에게 감사와 축하의 카드를 발송하며 결신자들에게는 사후 양육 프로그램에 대한 자세한 정보를 전달했다. 2~3주 후에는 결신자들과 구도자들을 중심으로 사후 양육 과정이 5주 동안 진행되었는데, 기독교의 기본 진리와 복음 제시를 대상자들에게 제시하여 이 과정을 수료하면 세례를 받게 하고 희망자들에게는 교회 등록도 할 수 있게 했다. 가장 좋은 사후 양육은 일대일 양육이다. 일대일 양육은 가장 효과적인 맞춤식 교육이다.

맞춤 전도 집회는 많은 인원을 한꺼번에 전도하겠다는 양적인 열정보다는 적은 인원이라도 정성으로 섬기고 그들의 필요를 정확하게 채워주어 복음으로 변화시키겠다는 질적인 열정이 요구된다. ○○○교회는 맞춤 선도 집회를 통해 많은 싱도들이 전도에 대한 자신감을 회복하였고 교회와 성도들이 함께 협력하여 주변의 불신자들을 전도하는 기쁨을 누리고 있다.

나눔과 적용

- 다른 전도 방법보다 관계 중심 전도가 결신율이 현저하게 높은 이유가 무엇인가?
- 복음전도자가 전도 대상자를 잘 파악하는 것이 왜 중요한가?
- 필요중심의 전략과 맞춤형 전도를 어떻게 평가할 수 있는가?

제6장
직장(학원) 선교의 비전과 전략

이 은혜는 곧 나로 이방인을 위하여 그리스도 예수의 일꾼이 되어 하나님의 복음의 제사장 직분을 하게 하사 이방인을 제물로 드리는 것이 성령 안에서 거룩하게 되어 받으실 만하게 하려 하심이라(롬 15:16)

잃어버린 영혼을 향한 하나님의 가슴앓이

새끼 사자가 엄마 사자에게 물었다.
"엄마, 우리는 왜 이처럼 용감하게 생겼어요?"
엄마 사자가 대답했다.
"우리는 밀림을 정복하는 밀림의 왕이니까!"
"엄마, 우리의 발톱은 왜 이처럼 사납게 생겼어요?"
"넓고 넓은 밀림을 달리며 먹잇감을 잡아야 하니까!"
"엄마, 엄마, 우리 이빨은 왜 이처럼 날카롭게 생겼어요?"
"먹잇감을 한 번 물면 놓치지 말아야 하니까!"
그러자 새끼 사자가 말했다.
"엄마, 그런데 왜 우리는 동물원에서 놀고만 있어요?"

에버랜드의 사파리 월드에 가면 호랑이가 팔자 좋게 누워 있고, 곰이 팔베개를 한 채 잠자고 있는 모습을 볼 수 있다. 곰은 얼마나 재주를 잘 넘는지 사파리 버스에 탄 사람들이 건빵을 던져주면 하나도 빠뜨리지 않고 받아먹는다. 그러나 곰은 건빵 몇 조각을 받아먹으려고 사람들 앞에서 춤을 추고 잔재주나 부리는 동물이 아니다. 밥을 굶고 던져주는 빵 조각을 먹지 않아도 호랑이는 천하를 호령하는 동물이다.

그리스도인은 세상이 던져주는 빵 조각을 몇 개 받아먹고 재주를 부리는 자들이 되어서는 안 된다. 하나님의 말씀으로 무장하고 세상을 향해서 나아가는 비전의 사람이 되어야 한다. 돈의 많고 적음에 일희일비하는 사람이 되어서는 안 된다. 현실은 어둡고 초라하지만 하늘의 비전을 가지고 살아야 한다.

직업과 소명

루터는 모든 사람이 하나님께 부름을 받는다고 했다. 이중적 부름인데, 하나는 구원에 대한 부름이요 다른 하나는 이웃에게 제사장 노릇을 하도록 받는 부름이다. 직업(Job)은 다른 사람을 향한 하나님의 도구로 이해할 때 소명(Calling)이 된다. 소명으로 여길 때 식업은 성직이 된다. '충민하라, 정복하라, 다스리라' 는 하나님의 세 가지 명령을 이행하는 모든 직업은 성직이다. 직업이 얼마나 중요한지를 알려면 직업이 없을 때를 상상하면 된다. 하나님께서는 직업을 통해 우리를 먹이고 입히며 문제를 해결해줌으로써 '우리를 돌보신다' 는 약속을 성실히 지키고 계신다.

현재 직업을 가지고 있는 사람들에게 일하는 동기를 물어보면 대체로 두 가지로 요약된다. 하나는 돈이요, 다른 하나는 자기 실현이다. 크리스천들이 하나님께 순종하여 그에 대한 사랑을 나타낸다면 직업의 현장, 곧 직장은 하나님에 대한 사랑을 보여줄 수 있는 가장 좋은 영역이다. 오스

기니스는 「소명」에서 소명은 무엇으로의 부르심(자녀들을 양육하는 일, 가르치는 일, 정치하는 일)과 어디로의 부르심(법조계, 캠퍼스, 아프리카)에 앞서 누구에게로의 부르심(하나님)이라고 말한다. 소명이란 하나님께서 우리를 부르셨기에 우리의 존재 전체, 행위 전체, 소유 전체가 주님의 소환에 응답하여 주님을 섬기는 데 투자되는 것이다.

기독교적 학문과 전공과목, 세계관

신앙인은 학문이든 사회 활동이든 개인 생활이든 간에, 그가 하는 모든 활동이 하나님의 성스러운 창조 역사를 다루는 것이라고 믿고 매우 진지하고 성실하게 임해야 한다. 기독교적 세계관을 가진 그리스도인은 수학, 화학, 물리학, 생물학, 역사학, 심리학, 경제학, 법학, 정치학 등 학문 분야가 무엇이든 거기에 참된 의미를 부여하고 성실하게 임해야 한다(김세열, 「기독교 경제학」). 기독교적인 관점에서 보았을 때 학문은 피조 세계를 잘 다스리기 위한 힘이며, 이웃을 섬기기 위한 도구다. 예수님께서는 "둘째는 이것이니 네 이웃을 네 자신과 같이 사랑하라 하신 것이라 이보다 더 큰 계명이 없느니라"(막 12:31)고 하셨다.

○○고등학교 직업선택의 십계

- 월급이 적은 쪽을 택하라.
- 내가 원하는 곳이 아니라 나를 필요로 하는 곳을 택하라.
- 승진의 기회가 거의 없는 곳을 택하라.
- 모든 조건이 갖추어진 곳을 피하고, 처음부터 시작해야 하는 황무지를 택하라.
- 앞을 다투어 모여드는 곳은 절대 가지 말라. 아무도 가지 않는 곳으로 가라.
- 장래성이 전혀 없다고 생각되는 곳으로 가라.

- 사회적 존경 같은 것을 바라볼 수 없는 곳으로 가라.
- 한가운데가 아니라 가장자리로 가라.
- 부모나 아내, 약혼자가 결사 반대를 하는 곳이면 틀림없다. 의심치 말고 가라.
- 왕관이 아니라 단두대가 기다리고 있는 곳으로 가라.

성경의 예

모세 / 행 7:21~22
- "모세가 애굽 사람의 모든 지혜를 배워 그의 말과 하는 일들이 능하더라"(22절).
- 광야에서 하나님께 40년간 훈련을 더 받았다.

다니엘 / 단 1:3~5
- 믿음의 사람들은 학문을 배우는 데 열심이었다. 학문을 배우는 것과 받아들이는 것은 별개다. 다니엘은 바벨론의 학문들을 배웠고 거부감을 가졌다는 것을 읽어볼 수 없다.
- 열심히 배웠으므로 하나님 나라 사역의 일익을 담당했다.
- 그러나 우상의 제물을 먹는 일은 하지 않았다(단 1:8).
- 하나님께서 긍휼을 베푸셨다.

바울 / 행 22:3, 26:24
- 가말리엘 문하에서 구약을 배웠다.
- 그가 배운 천막 기술은 자비량 선교를 하는 데 큰 일조를 하였다.
- 바울의 학문은 그가 선교를 하는 데 매우 큰 영향을 끼쳤다.

브리스길라와 아굴라 / 행 18:1~6
- 바울과 함께 천막 기술자다.
- 복음에 탁월한 사람이다. 아볼로를 가르칠 수 있었다.
- 바울의 동역자다.

직장 선교회(신우회)와 직장 선교

한국의 직장 선교는 1956년 벽산그룹(고 김인득 장로)이 단성사에서 종업원 예배를 시작한 것을 효시로 보는 견해가 유력하다. 이러한 선교 운동은 1970년대 한국은행 등의 금융 기관, 한전, 현대, 대우, 외무부 등의 직장에서 근무하는 기독교인들에 의해 '신우회' 라는 명칭의 모임으로 일어났다. 1996년에는 임의 단체에서 사단법인으로 체제를 갖추었으며 명칭도 한국기독교직장선교연합회로 변경되었다.

선교 단체의 직장 선교운동

CCC, UBF, 네비게이토선교회, 죠이선교회, 예수전도단 등 전문 선교 단체에서 직장인 선교에 대한 관심이 증대하였다. 특히 CCC는 '직장인반 새생명훈련원(NLTC)' 을 통해서 많은 직장인을 선교 인력으로 양성하는 데 크게 기여하고 있다.

직장인 성경공부 모임(BBB, Business Bible Belt)

1980년대 후반, 직장에서의 선교 사명을 자각한 CCC, 네비게이토 등 전문 선교단체 출신의 금융기관 직장인들이 직장 신우회 활동에 만족하지 않고 직장에서의 전도·제자화 사역을 시도하였다. 이들은 1990년 초 직장 근처의 교회를 빌려 선교 지향적인 모임을 결성한 후, CCC의 '직장인반 새생명훈련원(NLTC)' 의 지원을 받아 직장인에 대한 선교훈련을 통해서 직장 선교 인력을 양성하였다.

지역교회의 직장 선교운동 – 직장인 예배

1980년대 중반 이후 일부 도시 교회를 중심으로 직장 선교에 대한 관심이 증대되었다. 교회 인근 직장인들의 모임을 위한 장소 제공에서부터 교역자가 직장 예배에서 설교를 하고 성경공부를 인도하는 등 다양한 활동이 일어났다. 그러나 직장인을 선교 사역자로 양육하는 경우는 일부 대형교회를 제외하고는 아직 미미하다. 직장인 정오예배 개설, 직장 신우회 활동에 대한 장소 제공, 지역교회 교역자의 직장 신우회 예배 설교지원 등의 형태로 나타나고 있으나, 직장을 선교지로 인식하고 이를 전략적으로 접근하는 노력은 아직 미미한 수준이다.

직장 선교의 전략

직장 선교는 프로그램이 아닌 헌신된 자, 즉 직장 선교를 자신에게 주어진 선교의 사명으로 인식하고, 직장 선교의 이론과 훈련으로 무장하여, 실제로 직장에서 전도하고 제자 삼는 선교사역을 수행하는 소수의 사람에 의해서 이루어진다. 바울은 이러한 사역자의 모델이었으며 바울의 선교 전략에 따라 세워진 디모데, 누가, 디도 등 소수의 헌신된 사람들에 의해서 소아시아와 유럽의 선교가 이루어졌다. 그러므로 선교의 핵심전략인 선교 사역자를 어떻게 양성할 수 있는지를 계획하는 것이 선교 전략이 될 것이다.

선교 지망생 확보와 양성

선교는 프로그램이나 조직이 아니라 '헌신된 사람' 이 하는 것이다. 그러므로 선교전략의 첫째는 헌신된 사람을 찾아서 세우는 일이다(마 4:19).

선교의 핵심 전략, 즉 헌신된 사람을 확보하는 첫 번째 단계는 선교에 열망이 있는 사람을 선발하는 것이다. 그리고 준비된 일꾼들에게 선교의 비전을 제시하는 것이다.

아브라함을 부르실 때 하나님께서는 "내가 너로 큰 민족을 이루고……너는 복이 될지라"(창 12:2)고 하셨다. 모세를 부르실 때도 "이제 내가 너를 바로에게 보내어 너로 내 백성 이스라엘 자손을 애굽에서 인도하여 내게 하리라"(출 3:10)고 하셨다. 이것이 비전이다. 월터 헨릭슨은 「훈련으로 되는 제자」에서 하나님께서 들어 쓰시는 사람의 첫 번째 조건으로 하나님께서 성경을 통해서 제시하신 목표를 인생의 목표로 받아들이는 사람이라고 간파한 바 있다. 하나님께서는 하나님의 꿈을 우리에게 주시고 그 비전에 자신을 맡기는 사람을 들어 쓰신다.

제자화 선교전략의 확립

직장 선교는 마땅히 전도를 최우선 과제로 삼아야 한다.

"그러므로 너희는 가서 모든 민족을 제자로 삼아 아버지와 아들과 성령의 이름으로 세례를 베풀고 내가 너희에게 분부한 모든 것을 가르쳐 지키게 하라……"(마 28:19~20).

전도를 효과적으로 하기 위한 여러 가지 방법이 동원되고 있다. 좋은 설교자를 확보하여 전도집회를 개최하는 방안, 성경공부 그룹을 만들어 열 명 이내의 사람을 교육시키는 방안, 선교적 열정에 불타는 사람으로 하여금 여러 사람에게 복음을 전하도록 하는 방법 등이 있다.

한 사람이 다른 사람에게 그리고 또 다른 사람에게 확산되어가는 영적 승법 번식이 중요하다. "또 네가 많은 증인 앞에서 내게 들은 바를 충성된 사람들에게 부탁하라 그들이 또 다른 사람들을 가르칠 수 있으리라"(딤후 2:2)라는 말씀은 이 제자화 전략을 말해주고 있다. 개인적인 접촉을 통해서 전도하는 것이 바람직하며, 한 사람을 개인적으로 만나서 그의 삶을 지도, 점검해주고 함께 기도하며 일대일 개인양육을 하는 것이 제자화 전략이다.

존 스토트도 로잔 대회에서 첫 번째 종교개혁이 평신도에게 성경을 준 것이라면 두 번째 종교개혁은 평신도에게 사역을 맡기는 것이 될 것이라고 하였다. 그 사역에 도전해보라(마 25:26).

나눔과 적용
- 사도 바울은 어떤 직업에 종사하면서 복음 사역을 감당했는가(행 18:3)?
- 그리스도인들이 직장에서 임해야 할 자세는 무엇인가 (골 3:23)?

제7장
개혁주의 복음제시 방법과 평가

다른 이로써는 구원을 받을 수 없나니 천하 사람 중에 구원을 받을 만한 다른 이름을 우리에게 주신 일이 없음이라(행 4:12)
주 예수를 믿으라 그리하면 너와 네 집이 구원을 받으리라 하고 주의 말씀을 그 사람과 그 집에 있는 모든 사람에게 전하더라(행 16:31~32)

복음주의와 개혁주의

개혁주의가 하나님 중심과 성경 중심이라고 한다면 알미니안주의는 인본주의다. 그렇다면 개혁주의와 복음주의의 본질적인 차이는 무엇인가? 일부 복음주의 속에는 인간 중심의 알미니안적 요소가 들어 있다. 백석대학교의 김홍만 박사는 근본주의에 기초를 둔 복음주의의 문제는 그 시초에 있었다고 평했다. 초창기의 신학 문제를 잠재하고 세상을 적극적으로 끌어안은 전략이 복음주의의 맹점이 되었고, 포용 범주가 컸던 탓에 세상적인 과학은 물론 사회학, 인류문화학, 심리학 등 세상적인 요소가 쉽게 유입돼 이것이 성경보다도 우선순위를 갖는 오류를 낳았다고 지적했다.

개혁주의는 '예수 그리스도와 사도들의 가르침, 특히 구원론에 주안점을 두면서 기독교 정통의 가르침을 보존하는 성경주의'다. 하나님의 절대 주권과 은혜를 약화하고 허물려는 로마 가톨릭, (세미)펠라기우스, 알미니안 등 교회 역사 속에 끊임없이 침투해온 오류들과 싸워왔다. 그런데 이 같은 오류는 계속되고 있으므로 강한 전투적 성향을 유지하며 계속해서 개혁을 이루어가는 것이 개혁주의의 역사이자 본질이다.

김홍만 박사는 또한 복음 증거방식 차원에서도 명확한 차이점이 나타난다고 설명했다. 개혁주의적 복음전도는 '교리적 가르침으로 성령의 중생 역사를 기다리는 것'이라며 하나님의 절대주권에 대한 교리임을 강조했다. 그러나 복음주의는 중생의 역사를 생략하고 인간의 결심을 중시하는 데 뿌리를 둔 '결심 중생'이라고 정의했다. 따라서 인간의 원죄를 부정하고 인간의 자유의지를 극대화하는 알미니안적 결과를 초래한다고 부언했다. 빌리 그레이엄과 CCC의 사영리 전도법에는 인간의 자유의지를 강조한 결심 중생의 전도성향이 깔려 있다.

사영리 전도, 다리 예화 전도, 전도폭발 복음제시의 평가

빌리 그레이엄과 CCC의 사영리 전도법, 다리 예화 전도법, 전도폭발 전도법은 논리적이고 간결하며 설득력이 있고 쉽게 구성되어 있어 많은 사람이 사용하고 있으며 좋은 결실이 많은 것이 사실이다. 이 전도법들은 복음의 내용은 같으나 그 결과는 차이가 많이 나기도 한다. 많은 사람이 쉽게 설명하고 쉽게 배울 수 있다는 장점이 있다. 그러나 이러한 기존의 전도 방법들이 철학적이고 인위적으로 구성되어 있는 것도 사실이다. 그러므로 다시 한 번 생각해보고 보안해야 한다. 무엇보다도 예수님이나 사도들, 사도 바울까지도 전도방법이 일치하고 있지 않기 때문이다.

예수님과 바울의 개인전도 원리

　전도 본문으로 많이 인용되는 성경을 살펴보면 다음과 같다.
　"사마리아 여자 한 사람이 물을 길으러 왔으매 예수께서 물을 좀 달라 하시니 이는 제자들이 먹을 것을 사러 그 동네에 들어갔음이러라 사마리아 여자가 이르되 당신은 유대인으로서 어찌하여 사마리아 여자인 나에게 물을 달라 하나이까 하니 이는 유대인이 사마리아인과 상종하지 아니함이러라 예수께서 대답하여 이르시되 네가 만일 하나님의 선물과 또 네게 물 좀 달라 하는 이가 누구인 줄 알았더라면 네가 그에게 구하였을 것이요 그가 생수를 네게 주었으리라 여자가 이르되 주여 물 길을 그릇도 없고 이 우물은 깊은데 어디서 당신이 그 생수를 얻겠사옵나이까 우리 조상 야곱이 이 우물을 우리에게 주셨고 또 여기서 자기와 자기 아들들과 짐승이 다 마셨는데 당신이 야곱보다 더 크니이까 예수께서 대답하여 이르시되 이 물을 마시는 자마다 다시 목마르려니와 내가 주는 물을 마시는 자는 영원히 목마르지 아니하리니 내가 주는 물은 그 속에서 영생하도록 솟아나는 샘물이 되리라 여자가 이르되 주여 그런 물을 내게 주사 목마르지도 않고 또 여기 물 길으러 오지도 않게 하옵소서 이르시되 가서 네 남편을 불러 오라 여자가 대답하여 이르되 나는 남편이 없나이다 예수께서 이르시되 네가 남편이 없다 하는 말이 옳도다 너에게 남편 다섯이 있었고 지금 있는 자도 네 남편이 아니니 네 말이 참되도다 여자가 이르되 주여 내가 보니 선지자로소이다 우리 조상들은 이 산에서 예배하였는데 당신들의 말은 예배할 곳이 예루살렘에 있다 하더이다 예수께서 이르시되 여자여 내 말을 믿으라 이 산에서도 말고 예루살렘에서도 말고 너희가 아버지께 예배할 때가 이르리라 너희는 알지 못하는 것을 예배하고 우리는 아는 것을 예배하노니 이는 구원이 유대인에게서 남이라 아버지께 참되게 예배하는 자들은 영과 진리로 예배할 때가 오나니 곧 이 때라 아버지께서는 자기에게 이렇게 예배하는 자들을 찾으시느니라 하나님은 영이시니 예배하는 자가 영과 진리로 예배할지니라 여자가 이르되 메시야 곧 그리스도라 하는 이가 오실 줄을 내가 아노니 그가 오시면 모든 것을 우리에게 알려주시리이다 예수께서 이르시되 네게 말하는 내가 그라 하시니라"(요 4:7~26).

예수님께서는 다른 사람과 사회적인 접촉을 하고(1~7절), 공동의 관심사를 조성하셨으며(7~8절), 호기심을 불러일으키고(9~12절), 사람의 관심을 만족시킬 수 있는 길이 있음을 제시하셨다(13~15절). 그래서 자신을 보게 하는 기회를 만들며(16~18절), 주된 논점에서 이탈하지 않고 그리스도를 직접 대면시키셨다(19~26절).

"예수께서 여리고로 들어가 지나가시더라 삭개오라 이름하는 자가 있으니 세리장이요 또한 부자라 그가 예수께서 어떠한 사람인가 하여 보고자 하되 키가 작고 사람이 많아 할 수 없어 앞으로 달려가서 보기 위하여 돌무화과나무에 올라가니 이는 예수께서 그리로 지나가시게 됨이러라 예수께서 그곳에 이르사 쳐다보시고 이르시되 삭개오야 속히 내려오라 내가 오늘 네 집에 유하여야 하겠다 하시니 급히 내려와 즐거워하며 영접하거늘 뭇 사람이 보고 수군거려 이르되 저가 죄인의 집에 유하러 들어갔도다 하더라 삭개오가 서서 주께 여짜오되 주여 보시옵소서 내 소유의 절반을 가난한 자들에게 주겠사오며 만일 누구의 것을 속여 빼앗은 일이 있으면 네 갑절이나 갚겠나이다 예수께서 이르시되 오늘 구원이 이 집에 이르렀으니 이 사람도 아브라함의 자손임이로다 인자가 온 것은 잃어버린 자를 찾아 구원하려 함이니라"(눅 19:1~10).

"여종의 주인들은 자기 수익의 소망이 끊어진 것을 보고 바울과 실라를 붙잡아 장터로 관리들에게 끌어갔다가 상관들 앞에 데리고 가서 말하되 이 사람들이 유대인인데 우리 성을 심히 요란하게 하여 로마 사람인 우리가 받지도 못하고 행하지도 못할 풍속을 전한다 하거늘 무리가 일제히 일어나 고발하니 상관들이 옷을 찢어 벗기고 매로 치라 하여 많이 친 후에 옥에 가두고 간수에게 명하여 든든히 지키라 하니 그가 이러한 명령을 받아 그들을 깊은 옥에 가두고 그 발을 차꼬에 든든히 채웠더니 한밤중에 바울과 실라가 기도하고 하나님을 찬송하매 죄수들이 듣더라 이에 갑자기 큰 지진이 나서 옥터가 움직이고 문이 곧 다 열리며 모든 사람의 매인 것이 다 벗어진지라 간수가 자다가 깨어 옥문들이 열린 것을 보고 죄수들이 도망한 줄 생각하고 칼을 빼어 자결하려 하거늘 바울이 크게 소리 질러 이르되 네 몸을 상하지 말라 우리가 다 여기 있노라 하니 간수가 등불을 달라고 하며 뛰어 들어가 무서워 떨며 바울과 실라 앞에 엎드리고 그들을 데리고 나가 이르되 선생들이여 내가 어떻게 하여야 구원을 받으리이까 하거늘 이르되 주 예수를 믿으라 그리하면 너와 네 집이 구원을 받으리라 하고 주의 말씀을 그 사람과 그 집에 있는 모든 사람에게 전하더라 그 밤 그 시각에 간수가 그들을 데려다가 그 맞은 자리를 씻어주고 자기와 그 온 가족이 다 세례를 받은 후 그들을 데리고 자기 집에 올라가서 음식을 차려주고 그와 온 집안이 하나님을 믿으므로 크게 기뻐하니라"(행 16:19~34).

성경에 나오는 전도방법은 예수님께서 사마리아 여인에게 복음을 전한 것, 니고데모에게 전도한 것, 부자 청년에게 복음을 전한 것, 베드로의 성령강림절 설교, 사도 바울의 설교 등 많은 경우를 생각할 수 있으나 한 가지도 일치하는 것이 없다.

전도와 설교의 구조와 핵심내용

전도는 복음을 전하는 것이다. 복음의 메시지는 예수 그리스도다. 예수님과 사도들의 전도나 설교에 나타난 구조는 회개와 세례, 죄 사함, 성령, 주 예수를 믿으라 등으로 전개되어 있다. 베드로의 오순절 설교가 가장 모범적이고 복음의 핵심을 담은 설교로 여겨진다. 십자가에서 죽은 예수님을 하나님께서 살리셨다는 것이다. 즉 그 내용은 십자가와 부활이다. 부활 사상이 복음의 핵심이다. 부활을 중심으로 십자가와 성령이 있다. 하나님을 왕(Kingship, 요 1:11~12)으로 모시는 것 또는 주님(Lordship, 행 2:36)의 통치가 강조되고 그 부분이 잘 전달되어야 한다. 이것은 복음을 설명한 사도행전 2장과 로마서 1장, 고린도전서 15장의 핵심 사항이다.

예수 그리스도의 구속 사건에서 부활 사상은 핵심이다. 예수님의 부활이 의미하는 것은 하나님의 나라다. 예수님이 하나님 나라의 왕으로 통치하신다는 것이다. 그러므로 하나님 나라의 백성인 우리는 왕 되신 주님의 말씀을 듣고 순종해야 한다. 그래서 성경 묵상은 신앙생활의 핵심이다. 그리고 우리의 생각과 시각이 바뀌어야 한다. 하나님의 말씀인 성경이 신앙과 본분에 대하여 정확 무오한 유일의 법칙인 것이다(헌법 12신조 중 제1조).

개인전도의 요령

기도로 준비하고 복장은 정결하고 단정하게 하며 방문 시간을 잘 맞추어서 둘씩 짝지어 나간다. 얼굴과 눈을 마주 보면서 인사하고 입에서 냄새가 나지 않도록 하고 상대방 옆에 앉는다. 친구와 같이 대하며 라디오나 텔레비전을 끄게 하고, 미소와 친절한 태도와 칭찬으로 만남을 시작하고 전도자 자신의 신분을 밝히며, 그 사람이 신자인지 아닌지를 분명히 물어본다. 한 생명을 귀중히 여기며 집중적으로 전한다. 자연스럽게 영적인 대화로 전환시키고, 기회를 잘 포착하여 담화를 구원 문제의 핵심으로 끌고 가는 대화의 주도권을 가지고 있어야 한다. 복음의 핵심을 말하여 그가 그리스도와 대면하게 해야 한다. 인내심을 가지고 결신을 촉구하여 예수님을 영접하도록 한다. 주일예배에 초대하고 기도하고 돌아와서 보고회를 가진다.

　다시 만날 날을 약속하지만 거절하면 강요하지 말라. 결신했으면 결신카드를 직접 기록하게 하고 확신을 주는 기도를 함께 드린다. 다음 주일 교회로 초청하라. 시간을 약속하고 같이 교회에 나오라. 성령 안에서 열매를 기대하라. 자연스러운 목소리로 이름을 자주 부르고 정확하게 발음하라. 상대방에게 아랫사람에게 쓰는 말을 사용하지 않아야 한다. 설교투의 말을 하지 말고 토론이나 논쟁을 피하며, 의미 없는 상투어를 피하고 불신자가 이해할 수 있는 용어를 사용하라. 성경을 인용할 때 지나치게 장절을 강조하지 말며 정치나 잡담을 삼가고 긴 설명을 피해야 한다. 복음의 적극적인 면을 강조하고 중간중간 이해도를 확인하며 돌아보아야 하고, 연필이나 볼펜 등으로 읽는 곳을 표시하면서 읽어준다. 필요하다면 그림을 그려가면서 설명하고 질문에 지혜롭게 대처하며 오직 예수님만이 드러나는 전도가 되도록 한다.

　개인전도 동반자는 일반적인 예비 대화에 참여한다. 전도자와 대상자가 자리를 같이하도록 돕고 전도자가 영적 대화를 시작하면 동반자는 침묵을 지킨다. 필요한 경우 아이를 돌보고, 방해자가 접근하면 그와 더불어 이야기를 따로 하거나 어떤 심부름을 시켜 접근하지 못하게 한다. 자신도 기도하며 관심을 가지고 본다.

　전도는 방법에 핵심이 있는 것이 아니라 미련하게 보이는 자들이 들고 나가는 십자가의 복음의 능력에 있다. 바울의 고백처럼 복음을 전하라고 부르신 명령에 순종하는 자세가 필요하다. 순종하는 자를 통하여 나타나는 능력이 있기 때문이다. 교회가 최선을 다하여 복음전파의 사명을 감당할 때 하나님께서는 하나님 나라를 확장하신다.

　개혁주의 신학의 기본 생활원리는 하나님 중심, 성경 중심, 교회 중심으로 집약될 수 있다. 이는 곧 인간의 삶은 인간 자기중심이 아니며 인간의 이성이나 경험 중심이 아니라는 말이다. 칼빈주의 5대 교리(TULIP)

는 인간의 전적 부패(Total depravity), 무조건적 선택(Unconditional election), 제한 속죄(Limited atonement), 불가항력적 은혜(Irresistible grace), 성도의 견인(Perseverance of the saints)을 말한다. 이는 구원론과 관계된다고 볼 수 있다. 하나님의 완전하심과 주의 능력이 완벽한 데 반해 범죄한 인간은 완전히 부패했으며 전적으로 무능함을 말하고 있다. 구원의 성취는 오직 하나님의 은혜에 의하여 가능하지만 인간은 부르심에 응답하며 믿음을 선택하는 결정을 내려야 한다. 하나님의 은혜를 거부하고 다시 유대교로 돌아가는 짐짓 죄를 짓는 자들에게는 구원이 없는 것과 마찬가지의 원리다(히 10:26~29).

계시의존 신앙

에스겔의 마른 뼈들이 일어나 하나님의 군대를 이룬 일이나 죽은 나사로가 살아난 것은 하나님의 말씀의 권세와 능력 때문이다. 하나님의 음성을 듣는 자가 살아난다는 것이다. 믿음은 말씀을 믿는 것이다(요 5:39, 10:27, 20:31; 딤후 3:16~17).

믿음은 하나님께서 주시는 선물이다. 예수님을 믿으면 구원을 받지만 예수님을 거절하면 구원을 받지 못한다. 어느 인간이 구원을 받지 못하기로 이미 결정되어 있어서 믿음을 선택해도 구원을 받지 못한다면, 그것은 강요된 선택이었으므로 하나님의 책임이지 인간 스스로의 책임이 아니다. 구원에서 인간은 전적으로 하나님의 은총에 의존하고 있다. 그럼에도 불구하고 인간이 구원을 받지 못한다면 그것은 인간에게 책임이 있다. 또한 우리 인간은 누가 예정되어 구원되었는지 모르기 때문에 이 구원은 모든 사람을 위한 것으로 전도해야 한다.

이슬비 전도, 태신자 전도, 총동원 전도 전략에 대한 평가

이슬비 전도 편지는 구비된 다양한 내용의 편지를 가지고 접촉점을 마련하여 지속적인 관계형성을 통해 결정적인 시기에 교회로 초청함으로써 복음을 전하는 방법이다. 이슬비 전도방법은 여호수아가 여리고 성을 일곱 번 돌고 나서 여리고 성이 무너졌다(수 6:12~20)는 말씀을 성경적 근거로 삼는다. 이 방법은 다양한 내용의 편지를 통해 상대방의 마음을 열어갈 수 있다는 것과 접촉점 찾기가 어려운 시대에 접촉점을 용이하게 형성할 수 있다는 장점이 있다. 단점으로는 시간과 노력이 많이 요구된다는 것이다. 열매를 얻고 접촉점을 형성하기까지 지속적인 기도(인력)와 편지(재정)를 보내며 기다려야 하는 수고가 따르므로 작은 교회에서는 실행하기가 쉽지 않다는 약점이 있다. 그러나 이 방법을 통하여 성장을 이룬 교회들이 많이 있다.

태신자 전도운동은 어머니가 한 생명을 열 달 동안 뱃속에서 잘 간직하였다가 출산을 한 후 잘 양육하고 성장시켜 하나님께 영광을 돌리는 것과 같이, 한 영혼을 자신의 마음에 품고(태신자 작정) 기도와 사랑의 수고(만남과 교제)를 통하여 출산(교회에 등록)을 하며 돌보는 전도운동이다. 천하보다 귀한 한 영혼을 위하여 마음에 잉태할 때부터 영적 안정감을 가지고 기도생활과 말씀 무장으로 태신자에게 영양을 공급하고 해산의 수고를 통하여 건강한 영적 자녀(새 신자)를 얻는다.

총동원주일 전도전략은 전통적으로 많은 교회가 수행해온 대중적인 전도전략이다. 특정한 날을 총동원주일로 정하고 새 신자를 수단과 방법을 가리지 않고 동원하는 데 특징이 있다. 이것의 장점은 어느 특정한 날에 교인들을 집중시킬 수 있다는 점이다. 그러나 세상의 물량주의적 전략과 얄팍한 상업주의적 방법들이 동원되는 비복음적 모습이 세상 사람들에게 부정적인 시각을 갖게 하는 단점이 있다. 이 전도전략의 치명적인 약점은 일회성으로 교회를 처음 찾은 사람이 교회의 비복음적 모습을 보게 됨으로써 교회에 대한 관심을 오히려 떨어뜨리는 결과를 가져올 수 있다는 점이다.

새로운 전도전략의 방향

그동안 각 교회가 나름대로 전도전략을 세워서 수고를 많이 하고 하나님의 은혜로 부흥을 이루어온 것이 사실이다. 그러나 지 교회 성장만을 위하여 수단과 방법을 가리지 않았던 것이 현실이다. 지나친 지 교회 중심과 물량주의, 교인 쟁탈전으로 나타난 비윤리적인 전도 운동은 지양되어야 한다. 무엇보다도 목회자와 성도들이 전도에 대해 의식을 개혁해야 한다. 교회의 성장 차원에서 머무는 것이 아니라 하나님의 나라 건설과 하나님의 영광을 위한 복음전도에 대해 정보를 함께 공유하고 그 역할을 효과적으로 나누어야 한다.

그러므로 전교인을 대상으로 한 전도에 관한 재교육으로 전도는 하나님 나라의 확장이라는 분명한 목표, 전도를 전략적으로 추진하기 위한 전담 기구 및 전도특공대 조직과 전도훈련을 위한 재정비, 전도 이후의 양육에 대한 비전과 교재 개발, 보급이 교회와 교단에게 시급하나고 할 수 있다. 교회는 복음전도와 사회적 책임이라는 본질적 과제를 가지고 있다. 그리고 효과적인 관계전도를 통한 전도전략 및 전도의 접촉점으로서의 디아코니아를 통한 지역사회 봉사와 전도전략, 새롭고 혁신적인 변혁이 필요하다.

나눔과 적용

- 기존의 전도방법이 많은 결실을 가져왔음에도 불구하고 어떤 문제점이 발생했는가?
- 로마서 1장이나 고린도전서 15장에서 복음은 어떻게 소개되고 있는가?
- 오순절 성령 강림 후 베드로가 한 설교의 핵심은 무엇인가?

나는 심었고 아볼로는 물을 주었으되
오직 하나님께서 자라나게 하셨나니
그런즉 심는 이나 물 주는 이는 아무 것도 아니로되
오직 자라게 하시는 이는 하나님뿐이니라(고전 3:6~7)

제**2**부

··· 개혁주의 양육

제8장 양육의 원리와 실제
제9장 일대일 사역
제10장 소그룹의 중요성
제11장 영적 성장
제12장 성경묵상(QT)의 적용과 실제
제13장 기본적인 삶
제14장 주재권
제15장 제자도
제16장 하나님의 인도
제17장 제자훈련의 핵심적 적용
제18장 성경적 세계관과 적용
제19장 참된 영성의 추구

제8장
양육의 원리와 실제

우리는 그리스도의 사도로서 마땅히 권위를 주장할 수 있으나 도리어 너희 가운데서 유순한 자가 되어 유모가 자기 자녀를 기름과 같이 하였으니 우리가 이같이 너희를 사모하여 하나님의 복음뿐 아니라 우리의 목숨까지도 너희에게 주기를 기뻐함은 너희가 우리의 사랑하는 자 됨이라(살전 2:7~8)

    프랑스 시인 알프레드 뮈세의 '5월의 밤'이라는 아름다운 시에는 펠리칸이 등장한다. 어미 새 펠리칸은 갓 낳은 굶주린 새끼 새들을 해변에 놓아두고 먹이를 구하러 여행을 떠난다. 그러나 오랜 여행에도 어미 새는 단 한 줌의 먹이도 구하지 못하고 되돌아온다. 여행에 지친 어미 새 펠리칸이 저녁 안개 속에서 갈대 숲으로 돌아올 때 굶주린 새끼 떼들은 어미 새에게 몰려간다. 어미 새는 목을 흔들면서 늘어진 날개 속으로 새끼들을 포옹한다. 어미 새는 해변에 누운 채 자신의 심장을 새끼들의 먹이로 내놓는다. 어미 새의 심장과 내장이 새끼들의 입으로 사라지기도 전에 어미 새는 숨을 거두고 만다.
    자신의 심장과 생명을 내주면서까지 또 하나의 생명을 살아가게 하는 것이야말로 진정한 사랑이다. 예수 그리스도의 삶이 바로 그러했다. 모든 것을 모든 이에게 아낌없이, 남김없이 내주신 한없는 사랑, 원수까지도 받아들이는 사랑이다.

만약 어느 어머니가 임신 기간 동안 영양 관리를 하고 태중의 아기를 위해 여러 가지 신경을 쓰다가 아기를 낳자마자 돌연 무관심해져서 아기를 돌보지 않아 아기가 영양실조에 걸려 몸이 빼빼 마르며 죽어가게 된다면, 우리는 분명 무책임한 산모에 대해 분노를 감추지 못하며 발육이 그친 어린아이의 모습에 마음이 아플 것이다. 이와 같이 교회에서도 몇 번 출석으로 그 대상을 잊어버리거나 부흥 집회에서 그리스도를 영접한 확실한 체험이 있다고 해서 그후에는 흡사 구원의 완성에까지 이른 사람인 양 생각해서는 안 된다. 그런 무관심과 무책임의 그늘 밑에서 정상적인 영적 발육의 궤도에 오르지 못하고 신앙을 저버리거나 영적인 일에 무관심 또는 반감까지 나타내는 경우가 있다. 양육의 중요성을 인식하고 그 기본적인 원리를 알아야 한다.

그리스도를 닮아가게 하라

양육이란 예수 그리스도의 인격과 삶을 본받는 성숙한 그리스도인이 되게 하여 영적 재생산을 할 수 있는 헌신된 사람으로 세우는 것이다. 곧 양육이란 부모가 갓 태어난 자녀를 돌보아 키우듯이 성장한 그리스도인이 예수 그리스도 안에서 새롭게 중생한 어린 신자를 보호하고 인도하고 훈련하여 그의 생애 전체에서 그리스도의 인격을 닮아가도록 성장시킬 뿐만 아니라 전도하여 새 신자를 얻고 그 새 신자를 보호하고 인도하고 훈련할 수 있기까지의 과정을 말한다. 사도 바울은 그리스도를 새롭게 따르기 시작한 사람들의 필요를 채워주기 위하여 자기 자신을, 사랑과 영적 양식을 제공하고 보호하는, 젖먹이는 유모로 보았다(살전 3:7). 주님께서도 우리가 육신의 자녀들에게 부모로서 할 일을 해야 하는 것같이 영적 자녀들에게도 부모로서 할 일을 하라고 명하신다.

재생산을 위한 출생

양육의 목적은 개인의 신앙 성장과 재생산 활동을 도와줌으로써 그가 열매 맺는 온전한 그리스도인으로서의 삶을 살 수 있게 하는 데 있다. 양육의 내용은 구원의 확신을 갖고 그리스도 안에 서게 하며, 기본적인 삶(수레바퀴의 삶)을 누리며 그리스도를 닮아가고, 하나님의 말씀을 자립적으로 응용하고 하나님의 은혜와 성령의 인도를 받게 하며, 다른 사람들을 그리스도를 닮은 사람으로 재생산하도록 돕는 것이다. 양육은 하나님의 명령이며 우리의 사명이다(창 1:28; 마 28:19~20; 행 20:28~29; 벧전 5:2~4). 아버지이신 하나님께서는 우리의 성장을 가장 기대하시고 기뻐하신다(고전 3:2; 히 5:2). 양육의 방법으로는 초신자를 가르치고(행 14:21~22), 그들을 방문하며(행 15:36), 그들에게 편지를 쓰고(갈 6:11), 동역자를 보내고(행 19:22), 그들을 위해 기도하는 것이 있다(롬 1:9).

"형제들아 내가 신령한 자들을 대함과 같이 너희에게 말할 수 없어서 육신에 속한 자 곧 그리스도 안에서 어린아이들을 대함과 같이 하노라 내가 너희를 젖으로 먹이고 밥으로 아니하였노니 이는 너희가 감당하지 못하였음이거니와 지금도 못하리라 너희는 아직도 육신에 속한 자로다 너희 가운데 시기와 분쟁이 있으니 어찌 육신에 속하여 사람을 따라 행함이 아니리요"(고전 3:1~3)

"때가 오래 되었으므로 너희가 마땅히 선생이 되었을 터인데 너희가 다시 하나님의 말씀의 초보에 대하여 누구에게서 가르침을 받아야 할 처지이니 단단한 음식은 못 먹고 젖이나 먹어야 할 자가 되었도다 이는 젖을 먹는 자마다 어린아이니 의의 말씀을 경험하지 못한 자요 단단한 음식은 장성한 자의 것이니 그들은 지각을 사용함으로 연단을 받아 선악을

분별하는 자들이니라"(히 5:12~14)

"또 네가 많은 증인 앞에서 내게 들은 바를 충성된 사람들에게 부탁하라 그들이 또 다른 사람들을 가르칠 수 있으리라"(딤후 2:2)

양육의 종류

일대일 양육

일대일 양육은 한 사람을 개인적으로 만나서 그가 그리스도와 동행하는 삶으로 성장하도록 돕는 것이다. 개인 양육은 구원받은 사람은 누구나 할 수 있고, 융통성 있는 스케줄이 가능하며, 쉽게 반복될 수 있고, 절친한 관계를 유지할 수 있으며, 필요한 점을 발견하기가 쉽고, 생활을 통해 모범을 보이기가 쉽다. 또한 격려, 교정, 훈계 등이 용이하며 지도자 양성이 빠른 것이 특징이다.

소그룹 양육

소그룹 양육은 여러 사람을 동시에 만나서 그들의 영적인 성장을 돕는 것이다. 가장 많이 쓰는 방법으로, 몇 사람이 탈퇴하더라도 유지할 수 있다. 일대일 양육에 비히여 긴장감을 줄일 수 있으며 동기 부여가 쉽고 다양한 학습 방법과 서로를 위한 기도와 그룹 상담도 가능하다. 또한 다양한 경험을 할 수 있으며 성령의 은사가 다양하게 나타나고 역동적인 그룹 운영으로 좋은 결과를 얻을 수 있다.

대그룹 양육

대그룹 양육은 공동체 전체를 함께 키워가는 방법이다. 특히 찬양(찬양 집회)과 기도(기도원)와 설교 사역을 통하여 잘 나타난다. 영성을 키워나가기에는 효과적이지만 구체적인 돌봄은 불가능하고, 성품을 세우는 일을 확인하기가 어렵다. 대그룹 양육은 일대일이나 소그룹 양육을 보완할 때 효과가 더욱 크게 나타날 수 있다.

양육의 단계

1단계 : 어린아이(초신자)

영적 어린아이와 자녀의 차이는 영적인 신분과 영적인 상태에 대한 이야기다. 초신자로 하여금 날마다 꾸준히 예수 그리스도와 교제를 갖도록 돕는다. 이 단계에서는 복음을 명확하게 이해하고 자신의 구원에 확신을 가지며 영적 성장의 기초를 바르게 세우는 것이 핵심이다. 일대일 양육이나 소그룹 양육이 효과적이다. 말씀과 기도를 통하여 매일 하나님과의 사소통을 하는 습관을 형성하게 한다. 구원의 즐거움과 말씀과 기도와 성도들과의 교제와 예배의 즐거움이 체질화되도록 돕는다.

2단계 : 청년(제자)

이 단계는 진정으로 그리스도를 헌신적으로 따르는 자가 되도록 해주는 데 초점을 맞춘다. 사탄을 이기고 하나님의 말씀 가운데 지속적으로 거하는 법을 배우게 한다. 무엇보다도 기본적인(수레바퀴) 삶을 살아가도록 돕는다. 기본이 튼튼해야 신앙이 깊이 자라고 많은 일을 할 수 있다. 여기서는 그리스도와의 관계를 깊게 하여 그리스도의 주재권, 제자도와 비전, 기본적인 삶과 균형 잡힌 삶을 살아가도록 돕는다. 건강하고 힘 있는 청년으로 세우는 것이 중요하다. 제자의 단계에서 너무 많은 일과 활동을 하면 지쳐서 건강하게 세워지기 전에 무너지는 경우가 많다. 자신의 믿음을 다른 사람과 나눔으로 기쁨을 가지며 확실하고 탁월한 제자로 세워지 것이 중요하다.

3단계 : 아비(일꾼, 제자 삼는 자)

교회의 신성한 직무를 위임하여 거룩하고 충성된 관리자로 일하게 하며, 계속적인 영적 자녀의 생산과 어린양을 돌보는 목자의 직무를 감당하게 한다. 전도와 양육을 통해 재생산을 하게 하고, 제자 삼는 사역의 기술을 훈련하며, 계속적인 성장, 재생산, 전문화 훈련, 영혼에 대한 사랑, 섬김의 태도를 배워서 탁월한 일꾼으로 세우는 데 목표가 있다.

4단계 : 지도자(제자 삼는 자의 지도자, 개척자)

제자 삼는 자들을 이끌고 훈련시키는 감독자로서 지도자의 특수한 역할을 감당하도록 택함을 받은 사람들이다. 이 단계에서는 동역자끼리 교제를 이루고, 영적으로 어린 그리스도인들을 먹이고 돌보며, 교회를 위하여 영적 지도자의 계발을 돕는다. 새로운 사역지 개척을 준비하며 파송받을 준비를 갖추고 좋은 성품을 계발한다.

양육의 기본적 원리

당신의 영적 부모는 누구인가?

영적 부모가 되어 적절하게 보살펴주는 것이 중요하다. 누구도 아비 없는 자식이 되어서는 안 된다. 디모데가 바울을 만났던 것처럼 영적 부모를 만나야 한다. 하나님께서는 사울을 위해서 아나니아를 보내주셨고(행 9:17~19) 고넬료를 위해 베드로를 보내주셨다(행 10:48). 부모가 있는 자는 행복한 자녀들이다.

적절한 영적 식사를 제공하라

양식을 먹지 못하면 자라지 못한다. 음식을 가려 먹지 않도록 한다. 성경 듣기(롬 10:17)와 읽기(계 1:3), 공부(행 17:11)와 암송(시 119:9, 11),

묵상(시 1:2~3)을 효과적으로 배울 수 있게 한다.

사랑과 용납을 깨닫게 하라

새로운 그리스도인은 자신을 향한 무조건적이며 변치 않는 하나님의 사랑에 대해 배워야 한다. 어린 신자는 그리스도로 인하여 자신의 죄가 완전히 용서받았고 자신이 하나님께 받아들여졌다는 사실을 깨달아야 한다. 영적 아기가 하나님의 사랑을 배우게 되는 길은 믿는 자들에게서 그것을 보며 체험하는 것이다. 어린 그리스도인들은 성경에서 읽는 것과 같은 구속의 사랑, 정죄 받지 않는 사랑, 도움을 주는 사랑을 교회 안에서 찾아볼 수 있어야 한다.

하나님 앞에서 개인의 책임을 깨닫게 하라

영적 부모는 자신이 하는 모든 일에 대하여 하나님 앞에서 책임을 지도록 영적 자녀를 훈련시켜야 한다. 또한 하나님께서는 모든 것을 다 알고 계심과 하나님의 말씀에 순종할 때에만 성장과 번영과 기쁨을 기대할 수 있다는 사실을 깨닫게 해야 한다.

적이 누구인지를 알고 적절한 보호 조치를 취해줄 수 있어야 한다

양육을 받고 있는 모든 사람은 반드시 사탄의 전술을 알게 한다. 또한 새 신자에게 그가 받기 쉬운 사탄의 공격에 대하여 깨어 있도록 경고해주고 기도해주어야 한다. 요즘 우리 주위에는 이단들이 득실대고 있다. 신천지와 하나님의 교회, 구원파, 여호와의 증인, 안식교, 통일교 등 수많은 분파들이 있다.

어떻게 양육을 시작할 것인가?

양육자는 자기 점검의 기준을 가지고 늘 자신을 살펴봐야 한다.
- 일대일로 개인을 만나기 전에 충분히 기도하며 준비하라.
- 그룹원의 마음을 얻는 데 목표를 두라(잠 27:19).
- 삶으로 본을 보임으로써 가르쳐라(빌 4:9).
- 아무것도 그냥 넘어가지 말고 그에게 제시한 것은 무엇이든지 점검, 또 점검하라.
- 되도록 그룹원을 많이 데리고 다녀라(특히 전도할 때).
- 그가 할 수 있을 만한 과제를 주고 점검하라.
- 당신의 삶 전체를 나누라. 당신의 장점뿐 아니라 약점까지도 나누라.
- 친구로서 그와 나누며 때로는 영적 리더로서 그를 격려하라.
- 가르칠 때는 가능한 한 쉽게 예화를 많이 사용하여 반복하고, 그 실행방법까지도 보여주라.
- 애정을 모아 자기 사람을 만들려 하지 말고 그리스도에게로 초점을 돌리고 지도자에게 절대 순종하라.
- 그룹원으로 하여금 삶의 목표를 확립하도록 도우라(신앙, 비전 등).
- 그룹원을 자라게 하시는 분은 하나님이심을 기억하라(시 127:1; 고전 3:6~7).
- 지도하는 것이 아니라 동참하고 간증하는 자세가 좋고, 아는 척하지 말고 섬기는 태도를 가져라.
- 내 지식으로 감동시키려 하지 말고 하나님 말씀에 절대 권위를 두라.

양육과 사랑의 기술

양육이란 성숙한 신자가 영적 자녀로 하여금 주님을 섬기며 동행하는 삶을 스스로 살 수 있도록 세워주는 훈련 과정을 말한다. 이것은 개인적으로나 소규모의 집단으로 실행된다.

이러한 양육의 원리는 다음과 같이 정리된다.

- 성숙한 신자는 영적 부모가 되어 적절하게 보살펴야 한다. 초신자는 많은 문제들에 노출되어 있어서 무엇을 알아야 하는지, 어떻게 해야 하는지를 배워야 한다. 그런데 이러한 일은 부모가 신생아를 돌보는 것과 유사하여 개인적으로 지도를 받아야 한다.
- 적절한 보호를 해야 하고, 신앙 생활은 영적인 전쟁임을 알려주어야 한다(엡 6:10~12). 사탄은 불신자와 세상에 대해 막강한 세력을 행사하고 있는데, 그중 하나가 자기의 영향권에서 벗어나는 것을 환영하지 않을 뿐 아니라 그것을 되찾기 위해 갖은 계교를 동원하는 것이다. 사탄의 공격에 대한 경계와 승리를 위한 격려가 필요하다. 새 가족이 겪는 갈등이나 의심, 패배감을 감지하고 적절하게 치료하는 일은 매우 중요하다.
- 적절한 영적 음식을 제공해야 한다. 갓 태어난 아이가 부모에게 의존하듯이 초신자도 영혼에 필요한 영적 양식으로 성경 말씀을 취할 때 자기의 능력에 맞는 수준의 음식을 영적 부모에게서 공급받아야 한다(벧전 2:2). 필요한 성경의 지식과 균형 있는 발전을 위해 가르칠 뿐 아니라 스스로 성경을 취하는 방법들도 가르쳐야 한다.
- 하나님 앞에서 개인의 책임을 인식하게 해야 한다. 거듭난 삶의 본질은 하나님 앞에서 예수님의 이름으로 사는 것이다(갈 2:20). 어두움의 법칙이나 관습을 벗어버리고 이제는 모든 일을 하나님의 법에 순종하는 모습으로 살아가는 것이 필요하다.
- 성장을 유도하라. 생명은 성장하도록 되어 있지만 초신자가 항상 적극적으로 성장하려고 하지는 않는다. 그렇지 않다면 자연스런 성장으로 인해 특별한 훈련이 요청되지도 않았을 것이다. 따라서 영적 부

모는 사랑과 용납 가운데서 그를 이해해주고, 그가 해야 할 일과 알아야 할 것을 꾸준하고 구체적으로 제시하고 자극해주어야 한다.

사랑과 만남의 기술

기도로 찾아간다
- 내 기도가 필요한 대상을 정한다.
- 시간을 정해서 기도한다(기도 제목을 알아내서).
- 1~2주가 지나면 기도를 하고 있다고 알려준다.
- 기뻐하는 모습이 있으면 나를 위해서 기도해달라고 부탁한다.
- 1~2주가 지나면 나를 위해서 기도를 하고 있는지 물어본다. 그리고 기도해주는 것에 대해서 감사를 표하고 계속 부탁한다.
- 2~3주가 지나면 상호 기도에 대해서 이야기를 나누다가 그 자리에서 함께 기도할 것을 제안하고 손을 잡고 기도한다.
- 서로 기도제목을 나누며 노트를 보여주고 기도생활을 공유한다.
- 좋은 기도의 짝을 주신 것을 하나님께 감사한다.

전화로 찾아간다
- 1주일에 1~2회 간단한 안부 전화를 한다.
- 상대방에 대한 정보를 모으고 분류한다.
- 기회를 잡아서 30분 이상의 긴 대화를 나눈다(상대방의 장점들, 함께 했던 좋은 일 등).
- 편지를 쓰기로 제안한다.

편지로 찾아간다
편지는 한 통 한 통이 담고 있는 의미보다는 그것이 갖는 배경적 분위기가 훨씬 더 아름답고 우리를 끄는 무엇을 가지고 있다. 편지를 쓰는 사람은 자신의 영혼과 교류하는 사람이다. 편지는 형식 자체가 지닌 메시지만으로도 진실하여 그리움의 신비한 호흡을 가지고 있다.

직접적인 대면을 통해 찾아간다
- 교회가 아닌 곳에서 만나기로 약속을 한다.
- 부담이 되지 않는 인원으로 만난다. 숫자가 많으면 개인적인 이야기가 어렵다.
- 상대방의 취향에 따라 공원이나 음식점에서 만난다.
- 장소와 돈과 대화 내용을 준비한다.

선물로 만난다
- 작지만 정성이 담긴 선물을 한다.
- 선물에 마음을 담기 위해서 간단한 메모를 남긴다.
- 나도 선물을 받고 싶다는 언질을 준다.
- 선물을 받을 때까지 계속해서 1~2회 더 선물을 한다.

나눔과 적용
- 양육자로서 먼저 그리스도께 헌신이 되어 있는지의 여부가 중요하다. 그리스도께 헌신하기 위해서 먼저 구해야 하는 것은 무엇인가(마 6:33)?
- 양육을 받는 자는 어떠한 심정과 어떤 자세로 배워야 하는가(시 42:1)?

제9장
일대일 사역

또 네가 많은 증인 앞에서 내게 들은 바를 충성된 사람들에게 부탁하라 그들이 또 다른 사람들을 가르칠 수 있으리라 (딤후 2:2)
우리가 그를 전파하여 각 사람을 권하고 모든 지혜로 각 사람을 가르침은 각 사람을 그리스도 안에서 완전한 자로 세우려 함이니 이를 위하여 나도 내 속에서 능력으로 역사하시는 이의 역사를 따라 힘을 다하여 수고하노라 (골 1:28~29)

일대일 양육

일대일(one to one) 양육은 단순한 성경 공부가 아니다. 영적으로 거듭난 양육자가 영적 부모의 마음을 가지고 일대일로 만나서 하나님의 말씀을 매개로 서로 얼굴을 마주하여 기본적인 삶(Basic Life), 즉 말씀과 삶과 사역 전반에 걸친 일을 나눔으로써 그가 영적으로 성장하도록 도와주는 것이며, 그로 하여금 가장 효과적인 재생산을 할 수 있도록 섬기는 사역이다.

일대일 사역의 중요성

일대일로 하면 집중과 전달이 잘 된다
일대일로 얼굴과 얼굴을 맞대어 하므로 집중이 잘 될 수밖에 없다. 상대방이 나의 이야기를 듣고 있는지, 다른 생각을 하고 있는지를 금방 알 수 있다. 집중이 잘되면 전달도 확실해진다. 이해가 제대로 되지 않으면 언제든지 다시 질문할 수 있고, 상대방이 잘 이해하고 있는지 제대로 전달이 되었는지를 쉽게 파악할 수 있다. 일대일은 강의식이나 소그룹 성경 공부와는 다르다. 강의로 한 사람의 벽을 뚫지 못하는 것을 일대일 사역으로 가능한 경우가 많이 있다.

일대일로 하면 인격적 만남이 가능하고 양육의 열매가 확실하다

설교나 강의와 같은 대그룹의 사역은 지적으로는 유익한 점이 많으나 인격적인 만남이 일어나기는 힘들다. 그러나 일대일로 하면 얼굴과 얼굴을 마주 보게 되고, 마음과 마음의 교통이 이루어지기가 훨씬 쉽다. 이러한 인격 간의 참된 만남 속에서 사람들은 가장 확실하게 영향을 받고 변화된다.

일대일에서는 공동체에서 숨겨질 수 있는 개인의 문제들이 드러난다

일대일 양육의 어려운 점이기도 하지만 강점이기도 하다. 현대 사회에서는 많은 사람들이 심각한 고독과 공허를 느끼며 살아간다. 교회 안에서의 만남조차도 피상적인 교제로 그치는 경우가 많다. 평소에는 주위에 많은 사람이 있는 듯하나, 정작 도움이 필요한 어려운 경우에 처했을 때는 주위에 아무도 없음을 발견하기 일쑤다. 그런데 일대일 만남과 교제는 이러한 피상적인 교제가 줄 수 없는 마음과 마음의 만남을 가능하게 한다. 그러나 일대일에는 치러야 할 대가가 요구되는데, 시간과 개인의 자유와 프라이버시가 침해될 수 있다는 것 등이다. 그러나 그 대가를 지불하는 사람에게는 놀라운 보상이 분명히 따른다. 하나님께서 쓰시는 사람으로 준비된다는 사실이다.

일대일 양육은 양육자로 하여금 계속적인 성장을 하게 한다

양육자가 되어 말씀으로 배우는 자를 섬기는 위치에 서면 목자의 심정을 알게 된다. 이것은 그리스도의 장성한 분량에까지 성숙할 수 있는 귀한 기회를 얻는 일이다. 일대일 양육은 이처럼 평신도 사역자를 길러내는 데 있어서 중요한 양육 방법이다.

일대일 양육의 목적

일대일 양육의 목적은 이름뿐인 형식적인 그리스도인이 아니라 신앙과 삶이 일치하는 참된 그리스도인을 길러내는 데 있으며, 자기중심의 그리스도인이 아니라 그리스도 중심의 그리스도인으로 세우는 데 있다.

일대일 사역의 모델

성경은 일대일 양육을 권면한다. 구약성경을 보면 하나님께서는 아브라함에게 일대일로 찾아오셨다. 모세와 여호수아(민 13:16; 출 24:13; 신 3:28), 다윗과 요나단, 엘리야와 엘리사(왕하 2:1~14)가 일대일로 만났으며, 이외에도 일대일의 만남과 이를 통해 일어난 중요한 역사들을 수없이 찾아볼 수 있다. 예수님께서도 사람들을 일대일로 대면하셨다(예수님과 삭개오의 만남, 예수님과 세리 마태의 만남, 예수님과 죄 지은 여인과의 만남, 예수님과 사마리아 여인과의 만남 등). 사람을 양육하는 것은 기본적으로는 가정에서 부모에 의해서 이루어진다. 그러나 사람은 가정에서의 형제들과 학교에서 친구들 등 많은 곳에서 배우고 영향을 주고 받으며 성장 한다. 그런 의미에서 바울과 디모데(행 16:1~3; 빌 2:19~25; 딤전 1:2; 딤후 2:2)가 중요한 모델이 된다. 당신의 영적 아비(바울)는 누구인가? 또한 당신의 영적 아들(디모데)은 누구인가?

일대일 사역의 원리와 방법

일대일 사역의 원리

- 사랑의 원리(살전 2:8; 고전 13:13)
- 섬김의 원리(막 10:45; 고후 4:5)
- 부모의 마음의 원리(고전 4:15~16; 살전 2:7)
- 함께하는 원리(막 3:14; 행 20:18, 31)

일대일 사역의 방법

- 만나기 전에 항상 기도로 준비하라.
- 가능하면 그가 당신을 방문하게 하고, 그를 항상 따뜻한 악수와 미소로 맞아주어라.
- 잠시 동안 격식 없이 삶을 나누라.
- 하나님과 교제했던 내용을 서로 나누라.
- 삶 속에서 하나님의 인도하심과 그의 축복을 나누라.
- 그의 상태를 그리스도인의 확신의 원리로 점검하라.
- 그의 우선순위와 주된 관심이 무엇인지 나누라.
- 항상 기본적인(수레바퀴) 삶에 초점을 맞추어 점검하라.
- 제자 삼는 비전을 심어주고 비전의 사람을 만들어라.
- 설교식으로 강요하지 말고 대화식으로 나누라.
- 중보 기도와 메일과 전화로 섬겨라(적어도 1주일에 한 번씩).
- 본을 보여주면서 가르쳐라(빌 4:9).
- 그가 할 수 있을 만한 과제를 주어라(점검의 필요성).
- 그리스도의 사랑과 헌신으로 사역하라(살전 2:8).
- 가능한 한 많이 데리고 다녀라(서점, 식사, 스포츠, 여행, 전도 등).
- 당신의 삶 전체를 그와 함께 나누라(자신의 장점, 단점, 고민, 갈등

을 투명하게 보여주라).

일대일 사역의 지침서

- 항상 약속한 시간을 잘 지키라(고전 14:40).
- 구원의 확신이 있는지 대화를 통하여 점검하라.
- 신앙생활의 고민과 갈등이 무엇인지 점검하라.
- 정상적으로 잘 성장하고 있는지 점검하라(말씀, 기도, 교제, 순종).
- 우선순위가 무엇인지 나누라.
- 인간관계가 잘 이루어지고 있는지 나누라.
- 자신과 하나님의 교제가 잘 이루어지고 있는지 점검하라.
- 승리하는 삶을 사는지, 실패하는 삶을 살고 있는지를 점검하라.
- 배우는 자의 마음을 얻는 데 목표를 두라. 일대일 양육은 지식의 전달이 목적이 아니다. 배우는 자의 속사람이 변화되는 것이 목적이다. 그러므로 그의 마음을 목표로 삼아야 한다. 배우는 자를 만나기 전에 "주님, 그의 마음을 제게 주십시오" 하고 기도하라. "물에 비치면 얼굴이 서로 같은 것같이 사람의 마음도 서로 비치느니라"(잠 27:19)고 하였다. 양육자가 먼저 배우는 자에게 마음을 열면 배우는 자도 그의 마음을 열게 된다.
- 당신이 경험한 이상으로 배우는 자를 이끌 수 없다는 것을 기억하라. 당신 자신도 실제로 경험해 보지 않아서 대략적인 것밖에 모르는 것을 배우는 자에게 가르치고 훈련시킬 수는 없다. 그러므로 양육자는 부단히 은혜를 사모하고 훈련을 게을리해서는 안 된다. 다만 자신의 부족함 때문에 낙심할 것은 없다. 주님께서는 약점을 통해서도 기르시기 때문이다.
- 삶으로 본을 보이면서 양육하라. "너희는 내게 배우고 받고 듣고 본 바를 행하라 그리하면 평강의 하나님이 너희와 함께 계시리라"(빌

4:9). 일대일 양육을 하려면 양육자 자신이 먼저 가르치고자 하는 내용대로 사는 사람이 되어야 한다. 배우는 사람은 가르치는 사람의 말보다는 그의 행위와 삶을 더 빨리 따른다. 행함이 없이 뛰어난 지식만을 전하게 된다면 배우는 자는 양육자의 실력을 인정할 것이다. 그러나 배우는 자가 마음을 열고 삶을 나누는 것은 양육자의 삶을 통해서 배울 것이 있다고 느끼기 시작할 때부터이다.

- 아무것도 당연시하지 말라. 배우는 자와 일대일 교제를 처음 시작했을 때 그에게 제시한 것은, 그것이 무엇이든지 간에 점검하고 또 점검하라. '당연히 했겠지' 하고 넘어가서는 안 된다. 사람은 연약하여 지시한 것을 다 이행하지 못하는 경향이 있기 때문이다. 점검하면 배우는 자가 훈련을 받는 데 많은 도움을 얻는다. 부단히 점검해 나가면 배우는 자는 말씀을 읽는 습관과 설교를 듣는 태도가 바르게 잡힌다.

- 모든 것을 반복하라. 반복이 최상의 학습방법이다. 이사야 선지자는 "대저 경계에 경계를 더하며 경계에 경계를 더하며 교훈에 교훈을 더하며 교훈에 교훈을 더하되 여기서도 조금, 저기서도 조금 하는구나 하는도다"(사 28:10)라고 말했다. 되풀이하는 것에 대하여 조금도 미안해하지 말라. 한번 가르쳤다고 해서 배우는 자가 다 알고 있으리라고 생각하는 것은 큰 오산이다. 다른 과에서 비슷한 내용이 있을 때 반복하여 가르치는 것을 주저하지 말라. 이것이 배움의 열쇠이다.

- 가능한 한 배우는 자를 자주 만나라. 양육자와 배우는 자가 자주 만날수록 좋다. 전도를 하거나 봉사를 할 때 같이 다녀라. 예수님께서도 그렇게 하셨다. "이에 열둘을 세우셨으니 이는 자기와 함께 있게 하시고 또 보내사 전도도 하며"(막 3:14). 현실적인 여건 때문에 늘 만날 수는 없지만 만날 기회만 생기면 초청을 한다든지 연극을 같

이 보러 간다든지 하라. 주중에 갖는 사적인 만남이 오히려 관계를 더욱 친밀하게 해준다. 월요일에는 주일을 어떻게 보냈는지 알아보고, 약속한 전날에는 그간 어떻게 지냈는지 안부를 물어볼 수 있다. 이러한 친밀한 관계 안에서 일대일 양육은 더욱 진가를 발휘한다.

일대일 사역에서 주의할 점
- 지나치게 내 생각을 주입하거나 강요하지 말라.
- 내 제자를 만들려는 함정에 빠지지 말라.
- 다른 소그룹과 교제하게 하여 생각의 폭을 넓히게 하라.
- 시간을 너무 오래 끌지 말라.
- 스승의 위치에 서지 말고 돕는 자의 위치에 서라.

사도 바울도 일대일로 양육을 받고 일대일로 제자를 양육했다.

"그리스도 안에서 일만 스승이 있으되 아버지는 많지 아니하니 그리스도 예수 안에서 내가 복음으로써 너희를 낳았음이라 그러므로 내가 너희에게 권하노니 너희는 나를 본받는 자가 되라"(고전 4:15~16).

"너희도 아는 바와 같이 우리가 너희 각 사람에게 아버지가 자기 자녀에게 하듯 권면하고 위로하고 경계하노니"(살전 2:11).

"그러므로 여러분이 일깨어 내가 삼 년이나 밤낮 쉬지 않고 눈물로 각 사람을 훈계하던 것을 기억하라 지금 내가 여러분을 주와 및 그 은혜의 말씀에 부탁하노니 그 말씀이 여러분을 능히 든든히 세우사 거룩하게 하심을 입은 모든 자 가운데 기업이 있게 하시리라"(행 20:31~32).

하나님으로부터 위대한 일을 기대하라

하나님을 위해 위대한 일을 시도하라! 케리(William Carey, 1761~1834)는 위대한 현대 선교의 아버지다. 그는 가난 때문에 14세의 어린 나이로

구두 수선 견습생이 되었다. 어느 날 「쿡 선장의 항해기」를 읽다가 하나님 없는 인간의 절실한 요구가 무엇임을 깨닫고 "내가 여기 있나이다. 나를 보내소서" 하고 하나님의 부르심에 응답하였다. 그는 3개 언어(벵갈어, 산스크리트어, 마라디어)로 성경을 완역하였을 뿐 아니라 힌두어, 마하라스티아어, 오리아어, 텔링가어 등 인도 방언들과 보탄어, 버마어, 중국어, 말레이어 등 총 44여 개의 언어로 신약성경과 쪽 복음을 번역 출판하였다.

"대부분의 사람들은 시도만 한다면 어떤 일도 이룰 수 있다는 사실을 알지 못하고 있다. 그렇기 때문에 앞으로 나아가려는 시도는커녕 자기가 맡은 일조차 꾸준하게 하지 못하는 것이다."

그중에서 가장 중요하고 위대한 일은 사람을 키우는 일이다. 사람을 키우는 일은 다양한 모습 속에서 배우고 경험하게 된다. 사람은 개인적이고 인격적인 만남 속에서 많은 영향을 받고 성장한다. 이것이 일대일 사역의 장점이다. 유대인들의 탈무드에는 "한 사람을 구하는 것이 천하를 구하는 것이다"라는 말이 있다.

나눔과 적용

- 양육자는 어떠한 삶으로 본을 보이며 양육해야 하는가?
- 그리스도 안에서 일만 스승이 있으되 아버지는 많지 않다고 했는데 나의 영적 아들은 누구인가?

제10장
소그룹의 중요성

서로 돌아보아 사랑과 선행을 격려하며 모이기를 폐하는 어떤 사람들의 습관과 같이 하지 말고 오직 권하여 그 날이 가까움을 볼수록 더욱 그리하자(히 10:24~25)
형제들아 우리가 너희에게 구하노니 너희 가운데서 수고하고 주 안에서 너희를 다스리며 권하는 자들을 너희가 알고 그들의 역사로 말미암아 사랑 안에서 가장 귀히 여기며 너희끼리 화목하라(살전 5:12~13)

소그룹이란?

소그룹은 어떤 단체에 소속되어 있다는 것을 자각하고 있는 두 사람 이상으로 구성된 사회적 단위다. 소그룹은 개인들의 집합체로서 서로 깊이 관련되어 상호 의존적인 관계를 이루고 있다. 소그룹의 의미는 상호 작용, 소속감, 상호 의존성, 목표, 개인적 욕구, 체계화된 관계, 상호 영향력 등이다.

그리스도인 소그룹은 정해진 시간에 동일한 목적, 즉 그리스도 안에서 풍성한 삶을 발견하고 자라가기 위해, 3~10명 정도의 그리스도인들이 의도적으로 얼굴을 맞대고 모인 모임이다. 소그룹은 서로가 함께 배우고 함께 은혜를 나누고 함께 자랄 수 있는 탁월한 기능을 가지고 있기 때문에 현대 교회는 신앙교육을 위해서 이러한 환경을 만들어주는 것이 절대적으로 필요하다.

왜 소그룹이 필요한가?

예수님께서는 열두 제자를 선택하여 제자들과 의사소통을 자유롭게 할 수 있는 교육환경인 소그룹을 만들어주셨다(막 3:13~14). 그리고 제자들에게 지상 명령과 세계 비전의 임무를 맡기셨다(마 28:18, 20).

예수님께서는 사도들에게 성령이 임하면 예루살렘과 온 유대와 사마리아와 땅 끝까지 가라는 전략을 주셨다(행 1:4, 8). 사도들은 서로 돕기 위해 하나의 그룹이 되었고(행 1:12, 14), 성령께서 사도들의 그룹원들을 치료하셨다. 그들은 고침 받은 이야기들을 서로 나누기 시작했다. 서로 나누는 것에 반응하여 사람들이 이 교제권으로 들어왔다(행 2:41~42, 46, 47).

소그룹의 목표는 예수 그리스도의 인격을 닮아가는 것이다. 소그룹 안에서 변화되는 지체들의 모습은 다른 지체들에게 모델이 되어 동기 부여가 된다. 소그룹에서는 좋은 형제나 자매의 자세, 신앙생활, 습관, 심지어 개성까지 닮으려 든다. 소그룹 안에서 영적 진리들을 나눔으로 자신이 미처 발견하지 못한 것을 볼 수 있고 성경을 보는 잘못된 관점이나 오류를 방지할 수 있다. 또한 집단 상담의 효과를 얻을 수 있다. 각기 다른 삶의 현장을 나눔으로써 교훈을 얻고 같은 부류의 연약성을 확인하며 회복하는 기회를 얻기도 한다. 그룹의 상호작용은 성도의 교제를 증진시켜준다. 그룹에 속한 모든 훈련자들은 개방적인 자세로 자신이 가진 상처, 문제, 소망 등을 함께 나눔으로 서로를 이해하고 수용할 수 있다. 그러므로 상호간에 더 증진된 사귐을 가질 수 있다.

오늘날 많은 성도들이 말씀과 동떨어진 삶을 살아간다. 이럴 때 소그룹으로부터 동기 부여를 받고, 소그룹에서 하는 토의를 준비하는 습관을 형성할 수 있다. 소그룹에서 함께 성경을 보게 되면 오늘 나와 어떤 관련이 있으며 나의 삶 속에서 어떻게 적용해야 할 지 모일 때마다 나눔을 통해 서로에게 도전을 줄 수 있다.

소그룹 모임을 위한 준비

아이스 브레이크

소그룹을 시작하면서 주제를 자연스럽게 도입하거나 서로의 마음을 열기 위해 사용하는 기술을 아이스 브레이크(Ice Break)라고 한다. 간단한 대화나 자신의 상태를 표현하는 방법으로, 소그룹을 운영하는 데 매우 유익한 도구가 될 수 있다.

'마음 열기'로 번역된 아이스 브레이크는 '벽 허물기' 또는 순수하게 '얼음 깨기'라고도 할 수 있다. 즉 소그룹에 참여한 구성원들 사이에 냉각된 분위기를 깨뜨리고 친밀한 관계를 형성하고 소그룹 자체를 견고하게 하기 위해 동원되는 의사소통의 기술, 자료 및 총체적인 시간을 의미한다. 결국 긴장을 푸는 시간이다.

따라서 이것은 한 사람이 자신의 이야기를 어색해하거나 두려워하지 않고 구성원들에게 이야기하고 그 이야기를 듣는 사람들은 그것을 인정하도록 도와주는 역할을 한다. 즉 소그룹 구성원들이 서로에 대한 깊이 있는 이해가 결여되어 있는 싸늘한 상황이나 1주일 만에 만나서 무슨 이야기부터 시작해야 할지 모르는 서먹서먹한 상황을 효과적으로 깨뜨리는 것을 의미한다.

아이스 브레이크는 소그룹의 영적 분위기와 자연스럽고 깊이 있는 영적 대화를 유지하기 위해서 필요하다. 건강한 소그룹의 특징은 그리스도 안에서 비전을 발견하고 함께 성숙해가기를 소원하는 지체들의 관계 형성, 즉 '그룹 세우기'다. 아이스 브레이크에서 나온 이야기들은 그 사람의 상태나 심리를 반영하는 경우가 대부분이기 때문에 소그룹원을 이해하는 데 많은 도움을 준다. 아이스 브레이크는 어떻게 운영해야 효과적일까?

아이스 브레이크의 내용도 모임의 주제에 맞추어라. 아이스 브레이크는 냉랭하고 어색한 분위기를 깨는 것이 가장 중요한 목표이다. 그러나 잘못 사용하면 정작 그날 다루어야 할 주제에서 크게 벗어날 수 있다. 모임에서 소그룹원들로부터 진지한 고백을 이끌어내기 원한다면 아이스 브레이크는 소그룹원들이 자유롭게 자신을 오픈할 수 있는 분위기를 만드는 것으로 사용해야 한다.

아이스 브레이크로 판단하지 말고 반응하라. 이때 나오는 이야기들은 대부분 자신의 솔직한 심정일 수 있다. 그런데 "너는 매사에 부정적으로 생각하는구나"라든지 "너는 언제나 상황을 너무 가볍게 생각하는 경향이 있어"라는 식의 말은 그 사람을 판단하는 것이다. 긍정적이든 부정적이든 판단하기보다는 "참 재미있네. 너의 또 다른 모습을 볼 수 있어서 좋았다"라고 격려해주는 자세를 보여주면 소그룹원들이 더 적극적으로 자신을 열 수 있을 것이다.

밝은 분위기로 진행하라. 아이스 브레이크는 누구나 활기차고 두려움 없이 이야기할 수 있도록 분위기를 돋우어주는 시간이다. 따라서 무겁고 심각한 분위기에서 진행되는 아이스 브레이크는 효과를 거둘 수 없다. 소그룹 지도자는 소그룹원들이 자신 있게 자신의 이야기를 할 수 있도록 분위기를 만들어야 한다.

인도자가 준비해야 할 것

인도자는 토의를 인도하고 다른 사람들이 발견한 사실들을 서로 나눌 수 있도록 그룹을 인도하는 기술이 필요하다. 운동 선수의 코치와 같은 역할을 하면 된다. 그룹을 잘 인도하려면 인도자가 공과 준비를 충분히 해야 한다. 그러나 어느 공부에서나 가장 중요한 요소는 인도자 자신이지 교재나 방법이 아니다. 그러므로 모임을 인도하는 동안 주님을 의지하고, 토의를 잘 이끌어 나갈 수 있는 지혜를 발휘하고, 참석하는 지체들의 반응에 민감하게 대처하고, 성령께서 참석한 지체들에게 가르칠 내용을 밝히 강조할 수 있도록 기도해야 한다.

좋은 질문을 하라

한 가지 중심 개념에 초점을 맞추어 명확하게 질문한다. '예'나 '아니요'라는 대답 이상을 요구한다. 정확히 본문에 근거한다. 개방적인 질문을 하여 한 가지 이상의 답이 나오도록 유도한다. 참석자들이 대답하지 않을 것을 두려워하지 말고 사람들에게 생각할 시간을 준다. 대답이 잘못되었어도 비판하지 말고 "다른 분은 어떻게 생각하십니까?"라고 묻는다. "본문 어느 곳에서 그것이 나타납니까?" 하고 물음으로써 대답의 핵심에 초점을 맞춘다. "여기에 덧붙여서 말씀하실 분 계십니까?"라는 질문으로 토론을 유도한다.

의사전달의 기술

의사전달은 언어나 다른 수단을 사용해서 자신들의 생각이나 의견, 정보를 교환하는 것이다. 그룹이 결속되고 회원들이 서로 깊이 신뢰하는 것은 회원들 사이의 의사전달 수준이 높아지고 있다는 표시다.

- **진부한 대화** : 스포츠나 일반적인 사건들에 대해 이야기를 나누는 피상적 대화다.
- **지식과 사실을 나눔** : 일어난 사건과 사실은 말하지만 자신에 관해서는 말하지 않는다.
- **의견과 생각을 나눔** : 개인의 생각이나 의견을 기꺼이 이야기하는 단계다.

- 감정을 나눔 : 이 단계에서의 대화는 대개 "나는 ……게 느낍니다"라는 말을 사용하게 된다.
- 최상의 의사전달 : 의사전달의 가장 높은 수준으로, 회원들이 강하게 소속감을 느끼고 거부감이나 장벽이 없이 다른 사람들과 교제를 나누는 단계다.

의사전달의 기술 발달
- 경청하라. 이는 신체적, 정서적으로 말하는 사람에게 시선을 집중하여 이야기에 공감하는 것이다. 방관하는 자세를 하거나 펜을 가지고 장난을 하거나 눈을 감고 있거나 의자를 삐걱거리거나 손가락을 움직여서 소리를 내거나 해서는 안 된다.
- 명확성을 위하여 질문하라. 토론과 대화의 내용을 명확하게 이해하도록 하기 위해 질문을 하는 것이 좋다. 명확성을 위한 질문은 말하는 사람으로 하여금 자신이 지금까지 말한 내용을 요약하게 하고 중요한 것을 다시 언급하게 함으로써 그 사람의 의도를 분명하게 제시하게 할 수 있다.
- 다른 사람의 이야기를 자신의 말로 옮기는 것은 수준 높은 기술이다. 다른 사람의 말을 반복하는 것이 아니고 말하는 사람의 의도를 정확하게 파악해서 자신의 말로 옮기는 것이기 때문에 매우 어려운 기술이며, 다른 사람의 말을 경청해야 가능한 방법이다.
- 토론의 확대는 토론에서 사고의 선을 형성하는 단순한 기술이다. 질문에 대해서 대답을 한 다음 인도자는 다음과 같이 질문한다. "여기에 덧붙여서 말씀하실 분 안 계십니까?" "이 주제에 대하여 말씀하고 싶으신 것이 있습니까?"
- 발언의 이유를 명확하게 하라. 때로 토론에 부적합하고 토론의 주제와는 거리가 먼 이야기를 하는 경우가 있다. 그리고 다른 회원들이

동감하지 않는 이야기를 계속 주장하는 경우가 있다. 이럴 때 그들의 이야기를 무시하지 말고 그렇게 이야기하게 된 이유가 무엇인지 말하게 하면 토론이 활성화된다.
- 다른 사람에게 대답하게 하라. 지도자가 모든 것을 대답하려고 해서는 안 된다. 인도자에게 질문이 나오면 회원 중 한 사람을 지명하여 그에게 대답을 하게 한다. 다른 회원에게 이야기를 하게 하면 그들을 토론에 적극 참여시킬 수 있고 격려할 수 있다는 장점이 있다.
- 토론에 균등하게 참여시켜라. 인도자 옆에 앉아 있는 사람들은 거의 참여가 적은데 인도자와 눈을 마주치는 기회가 없기 때문이다. 자리 배치를 잘하여 말이 많은 사람과는 시선을 자주 마주치지 않도록 하는 것이 좋다.

소그룹에서 질문 사용법

기본적인 네 가지 질문

- 관찰(발견) 질문 : 본문이 말하는 사실을 주목하여 알아내거나 보이는 현상에 주의를 기울이는 기술이다. 이 질문의 목적은 주어진 본문이 말하고 있는 바를 알아내고 사실을 바탕으로 하여 뜻 깊은 토의를 벌이도록 생각을 불러일으키는 기초를 마련하는 것이다. 관찰 질문은 문제의 핵심에 곧바로 도달하게 하여 그 단락의 기본내용을 밝혀준다. 주어진 단락에서 찾아낸 것들을 서로 나누고 보완한다. 관찰 질문은 사전에 상세하게 준비해야 한다.
- 해석(이해) 질문 : 해석은 저자가 의도하는 바를 알아내는 단계다. 이 질문은 주어진 구절의 의미가 무엇인지를 파악하는 데 있다. 인도자는 소그룹을 올바로 인도하기 위하여 그 구절의 의미를 미리 공부해두어야 하지만, 인도자가 그 의미가 무엇인지 말해주는 것이 아

니라 질문에 대해 구성원이 스스로 대답하면서 구절의 의미를 깨달을 수 있도록 도와야 한다.
- 상관(관련) 질문 : 본문과 관련 있는 구절을 다른 본문과 연관 짓는 것이다. 이 질문의 목적은 주어진 말씀의 주제를 다른 성경 말씀으로 더 밝히 비추어 보는 데 있다. 이 단계에서 현재 다루고 있는 구절을 다른 구절들과 연관 지어 보고 다양한 진리들이 서로 어떻게 연관되어 있는지를 살펴본다. 그리하여 저자의 의도와 다른 의미로 받아들이는 것을 피하고 그룹원들이 이해하는 내용이 다른 말씀들과 모순이 되지 않도록 한다.
- 적용 질문 : 적용은 하나님의 말씀을 실행에 옮기는 것을 말한다. 이 질문은 그룹원들이 배운 내용을 각자 생활에 적용할 수 있도록 돕는 데 있다. 적용 질문은 각 단락의 마지막 부분에 해야 하지만 토의 시간이 끝날 때까지 기다릴 필요는 없다. 토의가 진행되는 동안 줄곧 적용을 염두에 두어야 한다.

좋은 질문이 갖추어야 할 기준
명료성과 연관성이 있고 토의에 자극을 주어야 한다.

질문의 효과적인 활용
- 예수님께서 질문을 사용하신 의도는 정보를 얻고(눅 8:30) 감정 표현을 하고(요 3:10), 알고 있는 사실을 상기시키고(막 2:25~26), 양심을 일깨우며(마 23:17), 믿음을 더하고(막 8:29), 말문을 막기(막 3:4) 위해서다.
- 폐쇄형 질문을 피하라. 예를 들어, '예', '아니오'로 끝나는 질문은 폐쇄형 질문이다.
- *개방형 질문 : 예수님께서 왜 십자가에 달려 죽으셨다고 생각합니

까? 예수님께서 왜 당신의 삶에서 주인이 되셔야 한다고 생각합니까? 이것이 어떻게 이루어질 수 있을까요?
- 기다리는 것은 당신의 참된 흥미와 관심을 나타내준다. 상대방에게 생각할 여유를 주라. "그 일에 대하여 더 생각나는 것이 있습니까?" "덧붙이실 말씀이 있습니까?"
- 경청하라. 시선은 사람을 향하도록 하라.
- 사실뿐 아니라 감정을 다루는 질문도 활용하라.
  * 사실 질문 : 그가 강조한 두 가지 일은 무엇입니까? 그가 다룬 문제의 핵심은 무엇입니까? 사람들을 그리스도에게로 인도하는 과정에는 어떤 것들이 있습니까?
  * 감정 질문 : 그는 왜 두 가지 일을 강조했습니까? 당신은 그가 다룬 문제의 핵심에 대해 어떤 반응을 보였습니까? 당신은 그에 대해 어떻게 생각합니까? 당신은 그것에 대해 어떻게 느낍니까?

소그룹 인도자의 실제적인 고려사항
- 분위기를 아늑하고 편안하게 준비하라.
- 좋은 토론을 하기 위해서는 자리 배열이 중요하다. 사람들 사이의 거리를 최소화함으로써 그들이 친밀하게 서로를 보고 이야기하며 다른 사람들의 말을 경청할 수 있도록 해야 한다.
- 조명과 온도에 유의하라.
- 주의를 산만하게 하는 요소를 제거하라. 작은 일들 때문에 마음이 분산되지 않아야 한다.
- 시작하는 시간과 끝나는 시간을 일정하게 하라. 모든 사람이 도착하기까지 기다려서 모임을 시작하는 것은 지혜롭지 않다. 늦게 온 사람에게는 "어서 오십시오. 우리는 지금 무엇무엇에 대해서 이야기하고 있습니다"라고 말한 다음에 모임을 계속 진행한다.

- 간식을 준비하라.
- 그룹에 참석하는 모든 사람을 따뜻하게 맞아들여라. 이름을 부르면서 인사하고 몇 분 동안 이런저런 이야기를 나눈다. 지난 주 모임에서 나눈 것들에 관해서 이야기를 나눈다. 지난 주에 참석하지 못했던 사람에게는 더욱 깊은 관심을 가지고 대해야 한다.
- 첫 모임에서는 간단하게 자기 소개를 하게 하는 것이 좋다. 간단하게 작성할 수 있는 신상 카드를 준비해서 회원들에게 나누어주고 복사해서 다음 모임을 가질 때 서로 참조할 수 있게 하라.
- 리더는 가능하면 회원들의 이름을 자주 부르도록 하라. 이것은 모임에서의 소속감과 유대감을 형성하는 데 도움이 된다.
- 모든 사람이 자유롭게 토론에 참여할 수 있도록 분위기를 조성하여 특정한 사람이 토론을 주도하거나 소외되는 사람이 없게 해야 한다. 첫 번째 모임에서의 토론 형태가 그 이후로도 계속되기 때문이다.

소그룹의 목표는 변화다

소그룹을 통하여 지도자가 기대하는 제일 목적은 변화다. 주님께서도 제자들의 실제 생활에 변화를 기대하셨다. 그들의 야망, 믿음, 습관, 삶의 우선순위에서 변화를 일으키는 것이었다. 소그룹의 구성원은 상호 의존적(갈 6:2; 살전 5:10~11)이고, 열매를 맺으며(요 15:16; 갈 5:22), 주님께서 영적, 육적 필요를 채우는 것(왕상 17:6; 빌 4:19)을 경험할 것이다.

나눔과 적용
- 예수님께서는 소그룹 인원을 몇 명으로 시작하셨는가(막 3:13~14)?
- 대그룹과 소그룹의 특성을 설명하라.

제11장
영적 성장

사랑하는 자들아 너희가 이것을 미리 알았은즉 무법한 자들의 미혹에 이끌려 너희가 굳센 데서 떨어질까 삼가라 오직 우리 주 곧 구주 예수 그리스도의 은혜와 그를 아는 지식에서 자라 가라 영광이 이제와 영원한 날까지 그에게 있을지어다(벧후 3:18)

생명체의 특징

인간은 육체적, 정신적, 지적인 다양한 부분에서 성장이 필요하다. 생명체의 가장 큰 특징은 활동과 성장이다. 죽어 있는 것은 성장이 없다. 그리스도인은 복음과 믿음의 씨가 있다. 그것은 자라나야 한다. 씨 뿌리는 자의 비유(마 13장)에서 보듯이 하나님은 우리에게 완성품이 아니라 씨를 주셨으므로 자라가야 한다는 것이다. 생명은 나무처럼 그 자체 안에 성장의 원리와 종자의 움틈과 기본적인 수액을 가지고 있다. 성도는 중생할 때 하나님의 거룩한 씨가 그의 마음에 심어졌으며(벧전 1:23; 요일 3:9) 그 씨는 자체 안에 이미 성장하는 생명의 원리를 갖고 있다. 그러나 나무는 자체 안에 있는 생명의 원리만으로는 자랄 수 없다. 창조주로부터 영양을 공급받아야 한다(사 44:3~4; 호 14:5). 하나님께서 식물에게 물을 부어주셔야만 자라나고 유지될 수 있다. 영적으로도 성장하는 능력을 가지고 태어났지만 그대로 놓아두면 죽고 만다. 아무리 '새로운 피조물'이라도 그는 단지 피조물이기 때문이다.

신자는 '속사람이 날로 새롭게 변화받아야' 할 필요가 있다(고후 4:16). 실제적인 성장은 우리가 감지하지 못한다. 이는 오직 자라나게 하시는 하나님에 의해서 알려진다. 디모데전서 4장 15절에는 "이 모든 일에 전심전력하여 너의 성숙함을 모든 사람에게 나타나게 하라"고 했다. 영적인 성장이 이웃에게 분명한 증거로 나타나야 한다.

영적 성장의 오해

- 영적 성장은 하나님의 은사와 관계가 없다(롬 5:6~19). 우리가 연약하고 원수 되고 죄인 되었을 때에 은혜를 받았다. 고린도교회를 보라.
- 영적 성장은 시간과 관계가 없다(히 5:11). 말씀이신 하나님을 경험하고 하나님을 배우는 삶을 통하여 성장하게 된다(요 1:1~18).
- 영적 성장은 활동과 관계가 없다(마 7:21~23).
- 믿음의 성장은 직분을 받기 위한 준비의 과정으로 알고 있다.

달란트 비유에서 평가하시는 모습을 보면 예수님은 2달란트 받은 자에게 10달란트를 요구하시지 않았다. 만약 그렇게 요구하면 무리수가 생기게 된다. 거짓말을 하고 사기를 치며 요령을 부리게 된다. 그러나 주님께서는 그 일에 최선을 다하는 충성된 사람을 기다리시는 것이다. 그러므로 맡겨진 달란트를 최대한 발휘하는 충성된 사람이 되어야 한다.

영적 성장의 기초

구원의 확신 / 분명한 출생

"또 증거는 이것이니 하나님이 우리에게 영생을 주신 것과 이 생명이 그의 아들 안에 있는 그것이니라 아들이 있는 자에게는 생명이 있고 하나님의 아들이 없는 자에게는 생명이 없느니라 내가 하나님의 아들의 이름을 믿는 너희에게 이것을 쓰는 것은 너희로 하여금 너희에게 영생이 있음을 알게 하려 함이라"(요일 5:11~13)

"자기 땅에 오매 자기 백성이 영접하지 아니하였으나 영접하는 자 곧 그 이름을 믿는 자들에게는 하나님의 자녀가 되는 권세를 주셨으니 이는 혈통으로나 육정으로나 사람의 뜻으로 나지 아니하고 오직 하나님께로부터 난 자들이니라"(요 1:11~13)

양식을 먹는 일

"갓난아기들같이 순전하고 신령한 젖을 사모하라 이는 그로 말미암아 너희로 구원에 이르도록 자라게 하려 함이라"(벧전 2:2)

"네 하나님 여호와께서 이 사십 년 동안에 네게 광야 길을 걷게 하신 것을 기억하라 이는 너를 낮추시며 너를 시험하사 네 마음이 어떠한지 그 명령을 지키는지 지키지 않는지 알려 하심이라 너를 낮추시며 너를 주리게 하시며 또 너도 알지 못하며 네 조상들도 알지 못하던 만나를 네게 먹이신 것은 사람이 떡으로만 사는 것이 아니요 여호와의 입에서 나오는 모든 말씀으로 사는 줄을 네가 알게 하려 하심이니라"(신 8:2~3)

"예수께서 이르시되 나의 양식은 나를 보내신 이의 뜻을 행하며 그의 일을 온전히 이루는 이것이니라 너희는 넉 달이 지나야 추수할 때가 이르겠다 하지 아니하느냐 그러나 나는 너희에게 이르노니 너희 눈을 들어 밭을 보라 희어져 추수하게 되었도다"(요 4:34~35)

상황이 아니라 말씀에 매이는 훈련이 필요하다. 하나님의 말씀에 순종하며 거하는 자가 참 제자이다.

"그러므로 예수께서 자기를 믿은 유대인들에게 이르시되 너희가 내 말에 거하면 참으로 내 제자가 되고 진리를 알지니 진리가 너희를 자유롭게 하리라"(요 8:31~32)

또한 진리의 말씀을 옳게 분별하는 것이 중요하다.
"너는 진리의 말씀을 옳게 분별하며 부끄러울 것이 없는 일꾼으로 인정된 자로 자신을 하나님 앞에 드리기를 힘쓰라"(딤후 2:15)

기본적인 삶

- 기도 · 호흡 : 시 119:164; 살전 5:17
- 교제 : 마 18:19~20; 히 10:24~25
- 증거 : 눅 15:10, 영혼을 얻는 기쁨(요 15:8)
  마 16:26, 천하보다 귀한 한 영혼의 가치
  마 28:19~20; 막 16:15; 행 1:8; 살전 2:19
- 순종 : 겔 33:31~32, 네 말을 들으나 그대로 행하지 아니하니
  마 7:24, 반석 위에 지은 집과 모래 위에 지은 집
  겔 3:10, 네게 이를 모든 말을 너는 마음으로 받으며 귀로 듣고
- 공동체 안에서 만나의 원리 : 나눔의 삶을 통하여 섬김(고후 8:15)
- 배움으로 성장한다. 성장에서 배움의 중요성(마 11:28~29)
- 말씀에 대한 순종을 통하여 온전하게 된다(히 5:8~9).
- 열매 : 전도와 교육 등 재생산을 통하여 크게 성장

영적 성장의 단계

"예수는 지혜와 키가 자라가며 하나님과 사람에게 더욱 사랑스러워 가시더라"(눅 2:52).

"우리가 다 하나님의 아들을 믿는 것과 아는 일에 하나가 되어 온전한 사람을 이루어 그리스도의 장성한 분량이 충만한 데까지 이르리니 이는 우리가 이제부터 어린 아이가 되지 아니하여 사람의 속임수와 간사한 유혹에 빠져 온갖 교훈의 풍조에 밀려 요동하지 않게 하려 함이라 오직 사랑 안에서 참된 것을 하여 범사에 그에게까지 자랄지라 그는 머리니 곧 그리스도라 그에게서 온 몸이 각 마디를 통하여 도움을 받음으로 연결되고 결합되어 각 지체의 분량대로 역사하여 그 몸을 자라게 하며 사랑 안에서 스스로 세우느니라"(엡 4:13~16).

"내가 어렸을 때에는 말하는 것이 어린 아이와 같고 깨닫는 것이 어린 아이와 같고 생각하는 것이 어린 아이와 같다가 장성한 사람이 되어서는 어린 아이의 일을 버렸노라"(고전 13:11).

성장한 청년의 영광은 그들의 힘씀에 있다(잠 20:29). 그러면 어떻게 해야 힘 있는 자가 될 수 있는가? 영적으로 강한 자가 되려면 신령한 지식을 쌓아가고, 내게 능력 주시는 자 안에서(빌 4:13), 여호와를 앙망함으로써(사 40:31), 하나님의 전신갑주를 입고(엡 6장), 하나님의 말씀에 거하며(골 3:16), 속사람이 강하고(엡 3:16), 세상을 이기는 믿음을 가져야 한다(요일 5:4).

어떻게 영적 성장이 이루어지는가?

영적 성장은 중생할 때 부여된 영적 생명의 발전과정이다

그리스도인의 생명은 아는 것에서 시작하고 성장한다(요 17:3; 골 3:10, 벧후 3:18). 즉, 하나님을 아는 지식에서 시작된다(골 1:10; 빌 1:9). 하나님을 아는 지식은 중생한 자와 중생하지 못한 자를 구별 짓는다. 이 지식은 초자연적이며 구원하는 지식이다. 그리스도로 말미암지 않고는 있을 수 없는 지식이다(고후 4:6). 속사람이 새로워질 때 영적인 성장은 점점 왕성해진다. 그리스도의 거룩한 형상을 입는다. 영적으로 성장하면 은혜가 나타나고 믿음이 견고해지며 소망이 확대되고 사랑이 많아지며 평화와 기쁨이 넘치게 된다(벧전 1:3, 5~8). 외적으로는 선한 일을 행하며 신령한 열매를 맺게 된다(엡 2:10; 딛 2:14). 이것이 하나님의 목적이다.

영적 성장은 영적 지식을 증가시킴으로 가능하게 된다

바울은 "지식과 모든 총명으로 점점 더 풍성하게 되기를"(빌 1:9) 기도했고, "하나님을 아는 것에 자라게"(골 1:10) 되기를 간구했다. "지혜와 계시의 영을 너희에게 주사 하나님을 알게 하시고 너희 마음의 눈을 밝히사"(엡 1:17~18). 더욱 중요한 것은 그리스도를 통하지 않으면 하나님을 알 수 없다는 사실이다.

영적인 것을 더욱 기뻐하는 데서 이루어진다

신령한 기쁨은 신령한 지식을 가진 후 필수적으로 수반되는 역사다. 영적인 지식은 확신을 불러일으키고, 그 지식에 집중하게 하며, 사랑하고 기뻐하게 한다(시 19:10, 119:47; 벧전 2:3). 바울 사도는 "모든 것을 해로 여김은 내 주 그리스도 예수를 아는 지식이 가장 고상하기 때문이라"(빌 3:8)고 했다. 하나님을 아는 지식을 소유하기 위해서는 버리는 일이 선행되어야 한다. "갓난아기들같이 순전하고 신령한 젖을 사모하라 이는 그로 말미암아 너희로 구원에 이르도록 자라게 하려 함이라"(벧전 2:2). 하나님을 점점 깊이 알아갈 때 기쁨을 만끽하게 될 것이다.

영적 성장은 하나님을 더 깊이 사랑함으로 이루어진다

사랑은 하나님의 선물이다(롬 5:5). 하나님께서 먼저 사랑하셨다(요일 4:19). 사랑 가운데 뿌리를 내리고 터가 굳어진다(엡 3:17). "내가 아버지의 계명을 지켜 그의 사랑 안에 거하는 것같이 너희도 내 계명을 지키면 내 사랑 안에 거하리라"(요 15:10). 우리를 위한 하나님의 사랑에 영적으로 깊이 빠질수록 우리의 사랑은 불일 듯 일어날 것이다.

영적 성장은 우리의 믿음을 강화시키고 담대하게 함으로써 이루어진다

그리스도인의 믿음 생활은 그리스도와 함께 역사하는 믿음으로 시작된다. 하나님께서는 믿음을 주실 뿐만 아니라 믿음을 성장시키신다. 믿음 생활은 보통 사람의 매일의 삶 가운데 역사한다. 더 강한 믿음, 더 큰 믿음의 증거는 사람이 진리 위에 더 굳건히 설 때와 날마다 하나님을 의지할 때, 약속을 더 많이 의지할 때 알 수 있다.

영적 성장은 경건한 생활을 힘씀으로 이루어진다

그리스도인이 하나님의 완전하심에 대해 영적인 이해력을 증진시킬 때 어떠한 일이 일어나는가? 심령은 더욱 하나님의 은혜에 감동을 받고, 하나님의 주권에 압도당하게 된다.

교회 공동체에 의해서 양육을 받아야 한다(딤전 4:6)

인간만큼 미숙한 상태로 태어나는 동물은 없다. 인간은 교육을 받아야 한다. 누군가로부터 양육되어야 살 수 있다. 어거스틴은 '교회는 신자의 어머니다'라고 했다. 콩을 어디에 심느냐에 따라서 콩나물(시루)도 되고 콩나무(땅)도 된다. 즉 어디에서 길러지느냐에 따라 열매가 달라진다. 시루에 담아서 키우는 것은 열매를 맺지 못하도록 왜곡시키는 것이다. 우리는 바른 양육 공동체가 되어야 한다.

믿음이 성장하기 위해서는 연습(훈련)이 있어야 한다(딤전 4:7)

말을 이끌고 물가까지는 갈 수 있으나 말에게 물을 먹이지는 못하는 법이다. 자기가 노력하고 희생을 해야 한다. 더욱 힘써 믿음에 덕을 덕에 지식을 …… 사랑을 공급(훈련)해야 한다(벧후 1:5~6). 이 훈련에는 세 가지 특징이 있다.

- 반복성
- 철저함
- 지속성

나눔과 적용
- 당신은 지금도 성장하고 있는가?
- 지금도 하나님을 더 알아가고 사랑하고 닮아가고 있는가?

제12장
성경묵상(QT)의 적용과 실제

복 있는 사람은 악인들의 꾀를 따르지 아니하며 죄인들의 길에 서지 아니하며 오만한 자들의 자리에 앉지 아니하고 오직 여호와의 율법을 즐거워하여 그의 율법을 주야로 묵상하는도다 그는 시냇가에 심은 나무가 철을 따라 열매를 맺으며 그 잎사귀가 마르지 아니함 같으니 그가 하는 모든 일이 다 형통하리로다(시 1:1~3)

현대는 말씀의 홍수 시대라고 말할 수 있다. 많은 예배가 있고 많은 책이 있으며 조금만 관심을 가지면 방송을 비롯한 여러 매체를 통하여 많은 말씀을 쉽게 대할 수 있다. 특히 교사들은 말씀에 치일 정도로 많은 말씀과 함께 살아가고 있다. 그런데 그 많은 말씀을 대하면서도 정작 그 말씀을 가르치는 자신은 변하지 않고 있다. 홍수 때에 마실 물을 구하기가 어렵듯이 말씀이 홍수같이 밀려오는데 우리의 인격과 구체적인 삶 속에는 말씀이 없다. 자기의 경험과 생각뿐이다. 무엇이 문제인가? 어디서부터 풀어가야 할까? 물론 다시 말씀으로 돌아와야 한다.

현대인들은 많은 일과 활동으로 분주하다. 하나님의 관심은 우리가 예수 그리스도의 장성한 분량에까지 자라가는 것이다. 영적 성숙은 우리의 방향이며 우리를 향하신 하나님의 소원이다. 그러나 많은 활동이 곧 성숙은 아니다. 기독교 신앙의 특징은 계시 의존의 사색과 계시 의존의 신앙이 되어야 한다. 씨 뿌리는 자의 비유나 많은 천국 비유에서 알 수 있듯이 하나님께서는 말씀으로 통치하신다. 하나님께서는 선지자와 기록된 말씀을 통하여 가르치시고 치료하시고 살리시고 인도하신다(시 119:50, 105).

그러므로 우리의 신앙은 말씀 중심이 되어야 한다. 하나님의 말씀을 묵상하고 그 말씀의 원리를 따라서 적용하고 사는 자들이 복되다(시 1:1~3). 성경 묵상의 시간이 중요한 이유가 여기에 있다. 하나님의 백성을 키우는 제자 양육이나 사역의 핵심은 성경 묵상에 있는 것이다.

삶의 이유가 무엇인지, 무엇으로 살아가는지 점검해보아야 한다. 그리스도인의 삶이란 단지 열심히 봉사하는 것 이상이다. 그것은 세상 속에서 하나님의 생각과 하나님의 마음으로 살아가는 것을 말한다. 이렇게 이 세상에서 하나님의 뜻대로 살아가는 데 가장 좋은 방법이 말씀을 묵상하여 적용하는 것이다. 우리는 한 주간 동안 여러 모임을 통하여 많은 말씀을 대한다. 그러나 그 말씀이 적용되어 양식이 되는 경우는 그리 많지 않다. 하나님의 사람의 가장 큰 특징은 말씀에 대한 태도다. 이방 사람인 기생 라합은 하나님의 말씀을 듣고 간담이 녹았다(수 2:11)고 했다. 하물며 하나님의 뜻과 하나님의 말씀을 가르치는 하나님의 사람으로서 하나님의 말씀에 대한 태도는 어떠해야 하겠는가?

모든 하나님의 뜻이 하나님의 아들이신 예수 그리스도에게 담겨져 있으며 그를 통하여 실현되었기 때문에 예수님은 하나님의 말씀이 되신다. "말씀이 육신이 되어 우리 가운데 거하시매 우리가 그의 영광을 보니 아버지의 독생자의 영광이요 은혜와 진리가 충만하더라"(요 1:14).

그런데 이 말씀은 단순한 하나님의 뜻이 아니라 능력(히 4:12; 벧전 1:23-거듭나게 하는 능력, 렘 23:29-불과 방망이)을 가지고 있다. 또한 구원의 지혜가 있으며, 하나님의 사람으로 온전케 하며 모든 선한 일을 행하기에 온전케 한다. 사실 구원의 확신에도 개인적인 체험이나 세례 요한과 같은 많은 증거자가 있으나 그것으로는 부족하고, 항상 성경의 증거가 가장 중요하고 확신이 되는 근거가 되어야 한다.

묵상의 중요성

존 스토트, 마틴 로이드 존스와 더불어 금세기 최고의 복음주의 신학자로서 세계 수많은 기독 지성인들의 사랑을 받는 저술가이자 신학자 제임스 패커는, 묵상이란 하나님의 일과 도(道)와 뜻과 약속에 대한 모든 지식을 마음으로 받아들이고 생각하고 마음에 간직하고 적용하는 모든 행위라고 했다. 묵상은 하나님과 교통하기 위한 수단으로, 하나님의 도우심을 받아 하나님의 목전에서 하나님의 임재를 의식하며 행하는 거룩한 사고 행위다. 묵상의 목적은 하나님에 대한 정신적, 영적 개념을 더욱 분명히 하고 그분의 진리를 통하여 마음과 정신에 온전하고도 적절한 영향을 받으려는 데 있다. 이것은 하나님과 우리 자신에 대하여 몰두하는 일이다. 또한 패커는, 묵상은 의심과 불신앙에서 벗어나 하나님의 능력과 은혜를 분명히 이해할 수 있도록 자신을 논리하고 자신과 논쟁하는 일이라고 했다.

성경 묵상은 한마디로 하나님을 만나는 것이라고 말할 수 있다. 하나님의 자녀들은 아버지이신 하나님을 늘 만나야 한다. 이 만남에 생명이 있다. 하나님께서 나에게 찾아와 생명과 양식을 나누어주시고 먹이시는 것이다. 설교나 성경 공부, 개인적인 성경 묵상을 통하여 하나님과 생명의 교제를 나누는 것이다. 그러므로 말씀 묵상을 통하여 하나님을 알고, 오늘 이 시기를 하나님의 마음으로 살아가며 그 말씀 속에서 나의 삶을 구석구석 둘러보고 적용하는 하루의 삶이 되도록 해야 한다. 따라서 성경 묵상은 절대로 책상 앞에서의 30분으로 제한될 수 없다.

교사의 역할은 식물을 키우기 위해 물을 주는 것에 불과하다(요 16:13; 고전 3:6~7). 유대인들의 교육방법은 매우 독특하다. 자녀들에게 고기를 잡아주는 것이 아니라 고기 잡는 방법을 알려주어 스스로 고기를 잡도록 하는 교육원리를 취하고 있다. 따라서 성경 묵상에 있어서도 교사이신 성령님께 맡겨서 제자가 말씀으로 하나님의 가르침을 직접 받도록 해야 한다. 이것이 교사가 알아야 할 신앙생활의 근본이며 양육의 핵심이다(요 5:39; 딤후 3:15; 벧전 1:23).

말씀 묵상의 방법

저자가 말하고 있는 바를 발견하는 것(관찰)

말씀을 연구하기보다 들으려는 자세가 중요하다. 듣기 위해서는 사전이나 주석, 참고서를 찾아보기보다는 나를 향해서 말씀하시는 하나님께 귀를 기울여야 한다. 먼저 하나님이 어떤 분이신지를 잘 생각해야 한다. 육하원칙이나 반복된 단어와 구조를 통하여 목적과 의미와 주제, 중심단어를 찾아본 후 전체의 뜻을 파악해야 한다.

저자가 의미하는 바를 찾아내는 것(해석)

성경은 스스로 모순되지 않는 완전한 집과 같으므로 항상 정확하게 해석해야 한다. 어떤 모호한 구절을 사용하여 성경의 명백한 가르침을 반박하지 말아야 한다. 성경의 의미를 파악하는 일에서 문맥은 해석의 왕이라고 불린다. 언제나 문맥 속에서 그 구절의 바른 의미를 찾도록 노력해야 한다. 또한 성경을 기록할 당시의 정황을 고려해야 한다. 본문이 말하는 교훈을 더욱 깊이 보려면 심리적이며 관계적으로 살펴보아야 한다. 일반적인 것은 구체적이고 실제적으로 적용하고 특수한 것과 개인적인 것은 일반화시켜서 일반적 원리를 가지고 적용해야 한다.

말씀을 마음에 새기고 적용으로 이끄는 과정(묵상)

성경본문을 깊이 생각하면서 원래의 상황에서는 무엇을 의미했고 오늘 나의 상황에서는 무엇을 의미하는지를 생각하는 것이다. 그리고 하나님의 관점에서 사물을 보도록 도와주는 것이다. 내가 순종해야 할 명령, 믿어야 될 약속, 해야 할 일, 피해야 될 죄, 나를 위한 경고, 내가 따라야 할 모범 같은 것이 있는지를 살핀다. 단순히 그 행동만 보지 말고 행동의 이면에 있는 원리를 조심스럽게 살펴보아야 한다.

보통 오늘 우리가 취해야 하는 행동은 성경이 기록하고 있는 것과 똑같은 행동이 아니라 그와 동일한 원리에 기초한 행동이다. 질문을 통하여 관찰을 개발할 때 성경을 구석구석 파악할 수 있다. 패커는, 묵상이란 하나님의 역사나 말씀의 섭리를 기억하고 사색하고 자신에게 적용해보는 사고의 활동이라고 했다. 하나님께서 만나를 주신 이유는 우리가 하나님의 말씀으로 살아야 할 하나님의 사람임을 기억하고 말씀대로 살게 하기 위해서다.

"네 하나님 여호와께서 이 사십 년 동안에 네게 광야 길을 걷게 하신 것을 기억하라 이는 너를 낮추시며 너를 시험하사 네 마음이 어떠한지 그 명령을 지키는지 지키지 않는지 알려 하심이라 너를 낮추시며 너를 주리게 하시며 또 너도 알지 못하며 네 조상들도 알지 못하던 만나를 네게 먹이신 것은 사람이 떡으로만 사는 것이 아니요 여호와의 입에서 나오는 모든 말씀으로 사는 줄을 네가 알게 하려 하심이니라"(신 8:2~3).

QT는 아침에 책상 앞에서 하는 30분의 글짓기가 아니다. 24시간 말씀이 살아 있어서 그 말씀이 나를 감동시키며 나의 일생과 하루의 삶을 인도해가는 것이며, 나는 그 말씀에 순종하는 것이다. 말씀이 양식, 쌀이나 또는 밥이라면 말씀에 순종하는 것은 식사라고 비유할 수 있다. 쌀을 아무리 많이 쌓아두거나 대형 음식점을 경영하더라도 식사를 하지 않으면 죽는 것과 같다. 마태복음 7장 24절 이하의 반석 위에 지은 집과 모래 위에 지은 집에 대한 비유는 산상수훈의 결론이다. 이 비유에서 중요한 것은 집을 지었느냐 짓지 않았느냐가 아니다. 두 사람은 모두 집을 지었다. 중요한 것은 말씀을 듣고 그 말씀의 원리대로 지었느냐 아니면 설계도면

이 다른 것이냐이다. 많은 사람들이 QT를 하면서 여기까지 나아가지 못하고 있다. 그래서 영양실조에 걸린다. 능력 있는 그리스도인의 삶을 살지 못하고 있는 것이다. 성령충만한 그리스도인의 삶은 그리스도로 충만하며 하나님의 말씀으로 충만하다. 이 부분에 대한 집중적인 훈련과 도움이 있어야 한다.

발견한 진리를 삶에 실천하는 것(적용)

적용이란 하나님께서 오늘 이 시기에 이 말씀의 내용을 내게 왜 말씀하셨는지 하나님께 듣고 실천하는 것이다. 적용은 실제적이고 가능하고 개인적인 것에 우선되어야 하는데 이것을 흔히 3P 법칙이라고 한다. 그러나 모든 경우가 다 여기에 해당되지는 않는다. 내가 묵상한 오늘의 말씀은 시간적으로 현재 필요한 말씀이다. 이해가 잘 되지 않는 것은 다시 듣고 적용할 기회가 있을 때까지 메모해두는 것이 좋은 태도다.

말씀을 적용할 때에는 비약적으로 적용하지 말아야 하며, 자기 합리화의 과오에 빠지지 않아야 한다. 나눔이 말씀 묵상의 꽃이라면 적용은 묵상나무의 열매라고 생각할 수 있다. 끼어들기 적용과 공동체적 적용을 해야 한다. 적용할 때는 직선적 대입에 신중해야 하고 합리적이고 타협적인 함정에 빠지면 곤란하다. 그러므로 자꾸 하나님의 상황으로 나아가야 한다. 적용이 타인에게 피해를 주는 경우에는 반드시 나눔과 상담이 필요하다. 그리고 적용 전에는 먼저 계획표를 확인해야 한다.

묵상나무의 꽃과 열매

묵상된 말씀은 기도를 통하여 능력을 입는다. 우선 들은 말씀에 대해 응답하고 하나님의 말씀이 분명하지 않으면 다시 여쭈어보고, 잘못을 깨달았으면 구체적으로 회개하고 실천할 수 있도록 기도하고, 욕심을 버리고 하나님의 도우심을 얻도록 기도해야 한다. 그리고 성경을 묵상하는 삶을 나무로 비유한다면 나눔은 꽃과 같다. 우리가 성경 묵상을 지속적으로 하지 못하는 것은 나눔이 없기 때문이다. 나눔을 통해서 하나님의 사람으로 삶이 세워지게(골 1:28) 된다.

묵상하여 준비된 말씀은 어제 어디서든지 나눌 수 있어야 한다. 가정에서는 아내와 사랑하는 자녀들과, 직장에서는 동료들과 친구들과 함께 컴퓨터 통신이나 전화로 또는 껌과 커피 등을 대접하거나, 식사를 기다리거나 식사를 마치고 다과를 하면서 효과적으로 나눌 수 있다. 화장실이나 게시판을 이용하여 메모를 통해 나눌 수도 있다. 말씀을 나눔으로 다른 사람에게 나의 삶을 점검받고 말씀 묵상을 지속하게 된다. 우리는 말씀 안에서 진정한 성령의 교제를 이룰 수 있다.

점검할 코치가 없으면 선수는 정상을 지킬 수 없다. 나눔의 핵심은 이해가 아니라 적용이며 본문에 대한 나의 반응이어야 한다. 교정 받은 것과 새로운 발견을 나누는 사람들과 더불어 적용하고, 공동체가 함께 하나님의 말씀 안에 거하며 순종하는 태도를 갖는 것을 교회와 성도들의 방향성으로 삼아야 한다. 말씀이 없는 교제, 말씀에 대한 순종의 열매가 없는 공동체 예배는 상상하기 어려운 일이다. 말씀이 없으면 백성이 방자하게 행하지만, 어린 소년 시절부터 다니엘은 침략국의 심장부인 황실에서도 믿음의 사람, 하나님의 사람으로 살아있다(단 9:2).

마지막으로, 성경 묵상의 생명은 지속적으로 하는 데 있으며 체계적인 과정 속에서 성장을 하므로 실패하더라도 익숙해지도록 훈련을 해야 한다. 설교나 성경공부를 통하여 들은 말씀은 많지만 묵상이 없기에 꽃도 없고 열매 없는 가을나무처럼 곤고하게 되는 것이다. 성경 묵상은 말씀을 이해한 수준에서 하면 된다. 하나님께서는 우리의 성숙을 아시며 성숙한 단계에 맞게 이끌어가신다. 하나님께서는 자녀 된 우리를 만나기 원하신다.

무디는 "성경은 우리 생활을 변화시키기 위해 주어진 것이지 지식을 증진시키기 위해서 주어진 것이 아니다"라고 말했다. "하나님과 교제하는 시간이 적다는 것은 그만큼 하나님을 위해서 하는 일도 적다"는 의미라고 바운즈는 지적한 바 있다. 예수님께서는 사탄의 시험을 금식이 아니라 하나님의 말씀으로 승리(마 4:1~11)하셨다. 주님께서도 하나님의 말씀에 순종하는 것을 영적인 양식으로 삼으셨다(요 4:34).

눈으로 구경만 하고 물건은 사지 않는 것을 아이쇼핑이라고 한다. 재질이나 가격까지도 파악하지만 정작 물건은 구입하지 않는 경우다. 우리는 말씀과 기도를 통하여 거룩해질 수 있다. 성령께서 이것을 사용하시기 때문이다. 말씀이 천 개의 금보다 승하고 하나님의 말씀을 묵상하는 사람이 복된 사람이다(시 1:1~2). 하나님의 사람 다윗은 하나님의 말씀을 어찌나 사랑했는지 종일 묵상했다고 기록되어 있다(시 119:97). 그러므로 우리가 하나님의 말씀에 대해서 관객이 아니라 주체가 되어 순종하는 태도를 가질 때 개인의 심령과 교회의 부흥을 이루고 비전이 있는 민족이 될 것이며, 하나님의 말씀으로 이 강산을 덮을 성서한국, 선교한국을 이룰 수 있을 것이다.

나눔과 적용

- 성경 묵상을 언제 어떤 내용으로 시작할 것인가?
- 성경 말씀은 우리에게 어떤 유익을 주는가(고전 10:11)?

제13장
기본적인 삶[6]

예수는 지혜와 키가 자라가며 하나님과 사람에게 더욱 사랑스러워 가시더라(눅 2:52)
우리가 다 하나님의 아들을 믿는 것과 아는 일에 하나가 되어 온전한 사람을 이루어 그리스도의 장성한 분량이 충만한 데까지 이르리니(엡 4:13)

네 가지 중요한 질문

- '만약' 지금 죽으면 천국에 갈 수 있는가? (예, 아니요)
- 예수님께서 천국에 들어갈 근거가 '무엇'이냐고 묻는다면?
- 그럼에도 불구하고 '왜' 당신을 이 땅에 두셨을까?
- '어떻게' 효과적인 삶을 살 것인가?

이런 고민 속에 대안으로 만들어진 것이 그리스도인의 기본적인 삶을 나타내고 있는 '수레바퀴의 삶'이다.

수레바퀴의 예화[7]

네비게이토선교회를 설립한 도슨 트로트맨은 다른 사람들에게 기본적인 그리스도인의 삶의 원칙을 기억하게 하기 위해 그림을 이용했다. 1930년,

---

6) 프랜시스 M. 코스그로브, 『제자의 삶』, (서울:네비게이토선교회, 1984), pp. 122~126.
7) 프월터 A. 헨릭슨, 『훈련으로 되는 제자』, (서울:네비게이토선교회, 1980), pp. 89~109.

주일학교와 남학생 모임을 인도할 때 그는 발이 세 개인 의자를 통해 균형 잡힌 그리스도인의 삶을 설명했다. 그가 성경에서 경험한 적극적인 그리스도인의 삶을 실천하기 위한 세부적인 방법이 제시되지 않았기 때문이다. 그리고 수많은 생각과 기도 후 그는 이러한 문제를 보완하여 '수레바퀴'라고 불리는 그림을 그렸다.

처음 그림에서 축의 중심은 그리스도로, 그리스도인의 삶의 중심이고 세 축이 서로 연결되어 의자를 지탱했다. 그리스도인의 삶은 변화되었으나 그는 그림 속에서 새로운 부분의 약점을 발견했다. 바로 그리스도인은 반드시 증인이 되어야 하며 말씀과 기도를 알아야 한다는 것이었다. 세 가지 축은 생명력 있는 그리스도인의 삶을 실천하는 성경의 적용을 누락했다. 그래서 그는 네 번째 축을 첨가했다. 테두리는 '그리스도인의 삶' 또는 '그리스도인의 행동'이라고 불렀는데, 생활의 모든 영역을 강조하며 주님께서 중요한 부분에 자리 잡고 계심을 나타낸다. 새로운 네 번째 축, '살아 있는 삶', 짧게 말해 '순종'의 테두리는 '그리스도인의 살아 있는 삶'이라고 불렀다. 어떤 사람들이 "수레바퀴에서 성령은 어디에 있는가?" 하고 묻자 트로트맨은 "성령은 기본적으로 각 축의 연결의 완성에 필요한 기본적인 것"이라고 대답했다.

중심 되신 그리스도(요 15:5; 고후 5:17; 갈 2:20)
: 중심 축(방향 결정, 힘의 전달)

예수 그리스도를 인생의 주인이요 중심으로 모시고 사는 것을 말한다. 견고하며 능력 있는 그리스도인의 삶의 원동력은 중심 되신 그리스도께로부터 나오기 때문이다.

- 당신의 현재의 삶은 위의 그림 중 어디에 속하는가?
- 주님의 주 되심을 인정하지 못하는 영역은 무엇인가?
(교육, 학점, 직업, 환경, 돈, 장래계획, 친구, 여가, 거주지, 소유 등)

말씀(행 20:32; 딤후 3:16; 히 4:12) : 살

수레바퀴의 테가 중심인 축과 분리되어서는 안 되는 것처럼, 그리스도인의 순종의 삶도 그리스도와 떨어져서 우리 스스로의 힘으로는 살 수 없다. 말씀, 기도, 교제, 전도(증거)로 이루어진 네 개의 살은 중심 되신 그리스도로 인해 순종하는 생활을 하도록 도와주는 기본 요소다. 하나님과의 수직적 관계에는 말씀과 기도가 있다.

하나님께서 성경을 통하여 말씀하실 때 하나님을 더욱 친밀히 알아가게 되고 개인의 삶과 사역에 대한 하나님의 원리를 발견하며 그분께 순종하는 법을 배우게 된다. 하나님의 말씀을 개인적으로 열심히 섭취하는 것은 영적으로 건강하게 성장하는 데 필수적이다. 하나님께서 우리에게 주신 복 가운데 가장 큰 복은 말씀을 주신 것이다. 말씀이 육신을 입어서 오신 것이다. 말씀을 주셨고 들을 수 있게 하셨고 마음 눈을 열고 받아 믿게 하신 것, 이것은 매우 놀라운 은혜다. 말씀은 교회와 성례, 설교를 통하여 계속적으로 성육신 되어, 오늘날 성경과 이를 증거하는 설교를 통하여 그리스도인이 성령 안에서 하나님의 말씀을 듣고 하나님을 만나게 되는 것이다. 이것이 예배이며 그리스도인의 삶이다.

- 말씀 : 하나님께서 나에게 찾아오시는 것(계시)
- 기도 : 내가 하나님께 나아가는 것(계시에 대한 나의 반응)

하나님의 말씀은 구원에 이르는 지혜가 있고(딤후 3:15), 성장하게 하는 양식이 된다(벧전 2:2). 또한 풍성하고 만족한 삶을 주고(요 10:10; 골 3:16), 하나님의 사람으로 온전케 한다(딤후 3:17). 말씀이 곧 능력이다(렘 23:29; 딤후 2:9; 히 4:12). 그러므로 하나님의 말씀에 시간을 투자하여 연구하고 묵상하고(딤후 2:15) 그 말씀을 적용하며 살 때 영적 생명력이 공급되고 영적 성장을 이룰 수 있다.

- 당신의 말씀의 손을 그려보라.
- 말씀의 삶을 살고 있지 못한 이유와 그 방해요소들을 적고 나누어 보라.

기도(막 11:24; 요 15:7; 빌 4:6~7; 히 4:16) : 살

기도의 기초는 '하나님 알기'다. 하나님께서는 말씀을 통하여 우리에게 자신의 뜻을 나타내주시고, 우리는 기도를 통하여 우리 마음을 하나님께 아뢴다. 기도는 우리 삶의 영적 전쟁터에서 하나님의 능력과 자원을 공급받는 보급로가 된다.

기도는 영혼의 호흡과도 같다. 기도는 하나님께서 정해놓으신 교제와 공급의 수단(요 15:16; 겔 36:37)이며, 하나님을 아는 매우 중요한 수단이고 하나님의 명령이다(살후 5:17). 기도하지 않는 것은 죄다(삼상 12:23). 그러므로 예수님처럼 기도에 삶의 우선순위를 두고 살아야 한다(눅 5:15~16). 루터는 이렇게 고백했다.

"나는 일할 것이 무척 많아서 하루에 세 시간 기도하지 않고는 살아갈 수 없다."

- 현재 당신의 기도의 삶을 기도의 손으로 표현해보라.
- 당신의 기도생활을 계획하고 결단하라(언제, 어디서, 어떻게, 기도 노트 작성).

교제(마 18:20; 빌 1:7; 히 10:24~25; 요일 1:3) : 살

그리스도인의 만남에는 교제가 이루어져야 한다. 하나님께서는 우리가 다른 그리스도인들과 함께 배우고 격려하는 교제의 삶을 사는 것을 기뻐하신다. 그리고 그리스도인들이 서로 사랑하고 겸손히 섬기는 관계 속에서 서로를 세워주도록 하셨다. 교제란 그리스도인들이 날마다 경험하는 그리스도를 함께 나누는 것이다.

교제의 목적(히 10:24~25)은 서로 사랑과 선행을 격려하여 예수 그리스도의 몸을 세우는 것이다. 그러므로 공식적인 모임뿐만 아니라 자주 만나기를 힘써야 하며(히 10:25) 상대방의 필요를 살피고 사랑과 선행에 대한 격려에 적극성을 가져야 한다. 교제의 장애요소로는 자기 만족과 형식주의, 적대감, 엘리트 의식 등이 있다.

- 나의 교제의 실상은 어떠한가(교제 인수, 내용)?
- 처음 보는 사람과 3분씩 교제하라.

전도(증거 / 마 4:19; 행 20:24; 롬 1:16; 벧전 3:15) : 살

그리스도인은 증거하는 삶을 살아야 한다. 그리스도 안에서 새 생명을 얻은 우리는 다른 사람들도 이 영생의 축복을 받아누릴 수 있도록 도와주어야 한다. 하나님께서는 믿는 우리에게 세상에 나아가 그리스도의 복음을 전하는 특권과 책임을 주셨다.

```
                    하나님의 뜻(창 3:9; 요 6:39~40)
                              ↓
    예수님의 명령                        사람의 책임 (살전 2:4)
                    →  사 람  ⇒        전  도    (롬 10:14)
    (마 28:19~20)                                (딤후 4:2)
                              ↓
                    예수의 사랑(고후 5:14)
```

그리스도의 복음을 전하는 방법은 다양하다. 간증 전도, 생활 전도, 노방(외침) 전도, 개인 전도(전도지, 보는 성경 사용, 문서 전도) 등이 있으나 가장 효과적인 전도는 관계중심 전도다. 좋은 전도자가 되기 위해서는 항상 주님 안에 거하고(요 15:5), 전도를 최우선적인 일로 여기며(마 4:19, 6:33), 영혼을 불쌍히 여기는 마음을 가져야 한다(마 9:36). 전도에 앞서 충분히 기도하고(무릎전도의 선행), 성령 충만함으로 성령의 능력을 의지해야 한다(행 1:8). 그리고 하나님의 말씀을 적절하게 잘 사용할 수 있어야 한다.

- 전도는 누가 해야 하는가? 지금까지 당신은 얼마나 전도했는가?
- 증거의 삶을 계획하고 결단하라.

순종(요 8:31~32, 14:21; 롬 12:1) : 바퀴(테)

그리스도인의 삶과 제자도의 핵심은 순종이다. 하나님께 대한 순종은 마음의 태도나 동기뿐만 아니라 외적인 행동으로도 나타나야 한다. 하나님을 사랑하는 증거는 그분께 대한 순종으로 표현되는 것이다. 순종은 하나님의 말씀을 우리의 삶 속에 적용하는 지속적인 과정이다.

순종은 믿음의 표현이며(히 11장) 하나님께서는 순종을 중요하게 여기신다(삼상 15:22; 마 7:24~25). 또한 순종은 예수 안에 거하기 위한 필수

조건이다(요 15:10). 나의 순종은 다른 사람을 향한 복의 통로가 되고(창 22:15~18), 하나님 사랑의 시금석이며(요 14:21), 하나님께 복 받는 길이다(신 28:1~14).

순종은 태도와 동기에 따라 결과가 달라진다. 그러므로 순종은 자원하는 마음으로 하고 전심으로 담대함을 가지며 즉각적인 태도와 겸손이 중요하다. 사람은 누군가에게 순종하게 마련이다(롬 6:16). 예수님이 지상에서 유일하게 배운 것이 있다면 순종에 대한 것이다(히 2:8~9). 예수님의 순종은 우리에게 본이 된다(빌 2:5~8; 히 12:2). 우리의 죄성이 불순종할 것을 말할 때 성령을 의지하면서 결단력 있게 순종해야 한다(갈 5:16).

순종하는 자에게는 축복(신 28:1~14)이 있고, 기도의 응답(요일 3:22)과 안정과 평안(잠 1:33), 경건한 신앙의 성장(벧전 1:22)이 주어진다.

결론

- 축 : 그리스도 – 삶의 중심(첫자리), 목적, 능력 – 튼튼해야 한다.
- 살 : 말씀, 기도, 교제, 증거– 살은 길고 튼튼하고 균형 잡혀야 한다.
- 바퀴 : 순종 – 훈련하는 삶– 튼튼하고 두께가 있어야 한다.

나눔과 적용

- 당신의 수레바퀴를 그려보라.
- 수레바퀴의 온전한 삶을 위한 구체적 계획을 결단하라.
    - 매일 수레바퀴 삶을 점검하라.
    - 약한 것을 집중적으로 훈련하되 계획을 세워서 하라.

제14장
주재권[8]

이러므로 하나님이 그를 지극히 높여 모든 이름 위에 뛰어난 이름을 주사 하늘에 있는 자들과 땅에 있는 자들과 땅 아래에 있는 자들로 모든 무릎을 예수의 이름에 꿇게 하시고 모든 입으로 예수 그리스도를 주라 시인하여 하나님 아버지께 영광을 돌리게 하셨느니라(빌 2:9~11)

월터 헨릭스는 "제자는 태어나는 것이 아니라 만들어지는 것이다"라고 했다. 제자는 언제 되는가? 제자가 되는 것은 주 되신 선생님을 만나 말씀을 듣는 일에서 시작한다. 주님의 말씀을 듣는 것은 바로 주야로 묵상하는 것이다.

모세가 하나님과 대면할 때 여호수아는 회막을 떠나지 않았다고 성경은 기록하고 있다. 모세는 성막 안에서 이야기하고 나온 후 돌아갔지만 여호수아는 성막에 여전히 남았다. 하나님과의 긴밀한 관계 때문에 부관의 사명도 잊은 채, 상관에게 불복종하면서까지 하나님의 말씀에 매여 있었다.

---

8) 프랜시스 M. 코스그로브, 『제자의 삶』, (서울:네비게이토선교회, 1984), pp. 38~51.

주재권

주재권(Lordship)이란 삶의 전체 통치권을 주님께 돌려 드림으로써 주님께서 나를 사용하여 주님의 뜻을 이루고 완성할 수 있도록 삶 전체를 통제받는 것을 말한다. 그래서 주재권은 믿음과 연결된다. 자신은 자기 인생의 왕좌에서 내려오고 그 자리에 주님을 모시는 삶이다.

주일에 교회에서 예배를 드릴 때만 주님의 이름을 부르는 것은 주님께 주재권을 온전히 이양하지 못한 것이다. 주재권에 대한 굴복은 한 번으로 끝나는 것이 아니다. 먼저 마음에 결단함으로 주님을 삶의 주인으로 인정하게 되고, 매일 주님의 말씀에 헌신함으로써 그 결심을 지켜나갈 수 있다. 그리스도인의 삶에서 주님이신 그리스도께 온전히 굴복할 때 약속된 축복과 기쁨을 누릴 수 있다. 예수 그리스도는 나의 삶에서 왕이며 주인이시다. 내면 깊은 곳에서부터 예수님이 주님이셔야 한다. 내 영혼 깊은 곳에서부터 예수님을 주님으로 시인해야 한다. 바울은 로마서 10장 9~10절에서 주재권을 어떤 차원에서 시인하고 있으며 그 결과 어떤 축복을 약속하는가?

영접과 주재권

생명과 빛이 없으면 살 수 있을까? 생물학적으로는 죽는다. 빛이 없으면 비타민 합성이 안 되기 때문이다. 모든 생물체는 빛이 있어야 한다. 우리가 예수 그리스도께 나아가지 않으면 영적 생명뿐 아니라 육체의 생명도 파괴될 수밖에 없다. 육적인 생명, 영적인 생명이 모두 예수님께 달려 있다. 예수님에 의해서 만들어지는 것이다. 요한복음 1장 12절에 영접하는 자에게 하나님의 자녀가 되는 권세를 주신다고 했는데 어떻게 영접하느냐가 중요하다. 종으로가 아니라 왕으로, 주인으로 영접해야 한다. 로마서 10장에서도 주의 이름을 부르는 자가 구원을 받는다고 했다. 영접은 예수님을 내 마음속에 모신다는 공간 이동이 아니다. 영접은 주권자를 인정하는 것이다. 주님께서 내 마음에 오셔서 내 생각과 나의 삶을 다스리신다는 것이다. 그분 앞에 매 순간 묻고 주님의 뜻에 따라 살아가는 것이 주재권을 인정하는 삶이다.

주재권을 강조하면 대개 부담스러워 한다. 그래서 예수님을 영접하는 것과 주재권을 인정하는 것을 분리하고 있다. 그러나 예수님의 주재권이 인정되어야 영적 출생, 즉 영적 출발을 할 수 있다. 내가 주인이면 아직 구원이 아니다. 구원은 내가 그리스도와 함께 죽고 이제 그리스도와 함께 살아서 주님을 믿는 믿음으로 사는 것이다(갈 2:20). 예수님께서 부자 청년에게 재산을 다 팔아 가난한 자에게 주고 나를 따르라고 한 것은 돈을 따르지 말고 예수님의 주재권을 인정하라는 것이었다. 결국 그는 따르지 못했다. 주님께서는 그의 삶을 칭찬하셨으나 그는 주님의 주재권을 인정하지 못한 불행한 사람이 되었다.

예수님을 주로 시인해서 하나님께 영광을 돌리게 하는 것이 하나님의 의도요 목적이었다. 그래서 언제든지 주님께 복종하라고 하신 것이다. 두렵고 떨림으로 구원을 이루라는 것이다. 오해해서 잘못하면 구원에서 떨어지니까 두렵고 떨림으로 임하자고 이해하면 안 된다. 이는 하나님께 영광을 돌리라는 구절이다. 오직 하나님께 영광을 돌리고자 하는 강렬한 열망이 바울의 외침이다. 이 열망이 우리 속에 있어야 한다.

예수님께서 이런 삶을 사셨다. 하나님의 영광을 위해서 하나님과 동등됨을 취하지 않고 자신을 지극히 낮추어 그 영광을 위해서 사셨다. 겟세마네에서 하신 고뇌를 생각해보라. 구원에서 떨어질까 봐가 아니라 하나님의 영광을 위해서 자신을 하나님께 드리는 거룩한 헌신이 바로 종의 자세다. 누가복음에서처럼 다 행하고도 나는 무익한 종이라는 것이다. 우리는 가룟 유다를 욕할 사람이 아니다. 우리도 많은 날을 가룟 유다처럼 살지 않았는가? 하나님의 영광을 위해서 살지 않는다면 가룟 유다처럼 하나님을 팔아먹는 사람이다. 가룟 유다는 한 번이지만 우리는 얼마나 많이 팔아먹는가?

결국 주재권을 인정하면 자연스럽게 헌신이 일어나게 된다. '너희가 각각 회개하고 세례를 받으면 성령을 선물로 받으리라' 는 말씀은 바로 성령의 인도함을 받는다는 것이다. 주님을 영접하여 주재권을 인정하면 성령께서 어떻게 살 것인지 인도해주신다. 어떠한 삶이 하나님 나라의 삶인지 인도해주시는 것이다. 나는 알지 못하지만 일상에서 일어나는 일들을 준비해주신다. 적용 부분에서 자신을 점검해보라. 재산, 여가, 돈, 교육, 장래 계획 등이 주님보다 앞서는 사람이라면 그는 구원받은 사람이 아니다. 그러지 않도록 빨리 주재권을 인정하라.

예수 그리스도가 주 되신 이유

예수 그리스도는 참 인간이시며 참 하나님이시다(대상 29:11~13; 요 1:18). 예수 그리스도는 죄와 사망과 지옥과 사탄에 대하여 완전히 승리하셨다. 죄와 사탄의 세력을 이기고 승리하신 주님께서 나의 삶의 주인이 되시면 이 세상을 능력으로 살아갈 수 있다(롬 8:31, 37; 고전 10:13; 골 2:15). 예수 그리스도는 모든 피조물의 주인이시다. 우주를 창조하시고 은과 금도 다 소유하신 주님께서 내 인생을 경영하신다면 얼마나 풍성한 삶을 살아갈 수 있겠는가(골 1:15, 17)?

어떤 물건이 나의 소유가 되려면 자신이 재료를 가지고 제조하거나 물건 값을 지불하고 사야 한다. 예수 그리스도는 자연을 지으셨을 뿐만 아니라 다스리신다. 자연을 다스리시는 주님께서 나의 인생의 왕이 된다면 내가 존재하는 환경과 시간과 모든 상황을 다스리실 수 있다(막 4:38~39, 41). 예수 그리스도는 우리 생명의 주인이시다(요 11:43~44). 나의 삶 가운데서 예수 그리스도는 내 인생의 주인이시다. 자신의 생각, 자신의 힘,

자신의 습관, 자신의 모든 것에 삶의 주재권을 두고 살아가는 그리스도인의 결국은 어떠하겠는가?

삶의 주재권을 이전하라

- 마음으로 깊이 결심함으로 그리스도를 주님으로 인정하라. 신부는 한 번의 서약으로 남편을 왕좌에 모시게 된다. 그 후의 모든 세월동안 그녀는 그 한순간의 의지 행위 속에 들어 있는 모든 것을 하나하나 실천해나간다. 마찬가지로 주재권의 이양도 의지의 한 행위에서 출발한다.
- 모든 영역에서 그리스도께 내어드리지 못하는 또 다른 두려움이나 이유는 무엇인가?
- 예레미야 29장 11절에서 알 수 있듯이, 주님께서 우리에게 주실 축복은 어떤 것인가?
- 주님은 인격적인 분이시므로, 내가 스스로 예수 그리스도를 나의 삶의 왕좌에 모시기로 결단하고 시인하기까지는 나의 삶을 다스리는 일을 유보하신다. 지금 이 순간에 중요한 결단을 내려야 한다. 나의 삶 속에 예수님을 나의 인생의 주인과 왕으로 인정하며 모시기로 결심하였는가? 결심이 서지 않았다면 주님의 도우심을 구하는 기도를 드려라. 결단이 섰다면 그 결단을 지킬 수 있도록 감사함으로 기도하라.
- 실천함으로 그리스도를 주님으로 인정하라. 의도하는 바가 좋다고 결과도 좋을 것이라는 보장은 없다. 출발을 잘했다고 해서 끝맺음도 좋으리라는 보장도 없다. 결심은 다만 시작에 불과하다.

생활 속에서 그리스도를 주님으로 인정하겠다고 결심한 후에는 시간마다 주님께 복종하고 매일의 생활 속에서 순종함으로써 주님을 입증해야 한다. 실제적으로 모든 생활 가운데에서 주님을 첫자리에 모셔야 한다는 것이다.

주재권을 인정하는 제자의 삶

주재권 아래서 사는 삶이란 자신을 말씀에 굴복시키는 생활을 말한다. 믿는 자는 그리스도를 영접할 때 처음으로 자신을 주님께 굴복시킨다. 그러나 여기서 그치지 않고 그리스도인의 삶 가운데 계속하여 성장해나감에 따라 생활의 영역 하나하나를 말씀 앞에 굴복시켜 나가야 한다. 개인의 몸과 지체부터 드리기 시작해야 한다. 지체들을 그리스도의 주재권 아래 굴복시켜 나갈 때 비로소 죄의 통치로부터 자유함과 독립을 얻게 된다(롬 6:13~14, 18).

주님께 나아갈 때 우리의 눈을 그분께 드려야 한다. 죄는 언제나 눈에서 출발한다. 육체의 눈이든, 마음의 눈이든, 항상 죄는 눈을 통하여 들어온다. 보는 것도 주님의 입장, 주님께서 세상을 보시는 관점으로 볼 수 있어야 한다. 어떤 시각적 자극은 우리의 마음 속에 유혹으로 이끄는 영상을 만들어낸다.

육신의 눈을 통하여 마음과 생각 가운데로 들어올 길을 찾지 못하면, 사탄은 귀를 통하여 들어오려고 할 것이다. 상스러운 농담이나 이야기, 암시적인 노래 가사, 단순히 좋지 못한 소식이나 환담을 듣는 것만으로도 사탄이 우리 마음 가운데 들어올 수 있는 여지를 줄 수 있다(딤전 5:19).

대개 냄새 맡는 코 때문에 죄에 이끌리는 경우는 없지만, 많은 사람들이 쓸데없이 남의 일에 참견하며 들이미는 '코' 때문에 어려움에 빠지게 된다. 베드로와 솔로몬이 이 점에서 똑같이 경고한다(잠 26:17; 벧전 4:15).

그리스도인의 입과 혀는 양면성을 지닌 지체이다. 따라서 죄를 범할 수 있는 기회가 무수히 많다. 무엇을 먹고 마시느냐에 따라 유혹을 받기도 하고, 입에서 어떤 말들을 내뱉느냐에 따라서 죄를 짓기도 한다. 우리는 이것에 대하여 시편 141편 3절, 잠언 31장 26절, 이사야 50장 4절, 야고보서 3장 5~6절을 통해 교훈을 얻을 수 있다.

우리의 손이 주님의 말씀에 사로잡히지 않으면 악에 사로잡히게 된다. 그렇게 되면 손은 온갖 도적질이나 살인, 부정한 성행위 등에서부터, 다른 사람들을 돕기 위해서 사용하기보다는 이기적인 목적을 위하여 사용하는 것에 이르기까지 많은 죄에 빠진다. 주님께서는 손을 어떻게 사용하기를 원하시는가(잠 31:20; 살전 4:11)? 손이 범죄했을 때 어떻게 하라고 말씀하시는가(마 5:30)?

배는 인간이 지닌 모든 육체적 욕망들을 나타낸다. 모든 종류의 육체적인 쾌락이 우리의 삶을 너무나 강하게 사로잡고 있어서, 우리는 그리스도의 실제적인 대적이 되어서 일시적이고 육신적인 만족만을 위해서 살 수도 있다(빌 3:18~19).

사탄은 우리의 발과 다리를 주장하여 우리를 잡아끄는 물건들 가운데로 이끌어 그리스도와의 교제를 약화시키기를 좋아한다. 사탄은 죄의 백화점으로 우리를 데리고 가서 구경시켜주기를 즐긴다. 아무것도 사려고 마음먹지 않았더라도 대적과 함께 자주 가서 돌아다니며 구경하면 육신의 정욕과 안목의 정욕 가운데로 빠져들어간다(시 1:1~3, 요일 2:16~17).

주재권의 이전과 이후

주재권 이후의 삶은, 매일의 삶 가운데 말씀에 순종하는 제자의 사람이 되는 것이다(요 6:38~39). 순종을 자기 삶의 방식으로 삼는 제자들에게 주신 약속은 무엇인가(요 14:21)? 순종은 주재권의 결정과 밀접한 관련이 있다. 아담은 불순종하여 타락하게 되었고 예수님은 죽기까지 순종함으로 그리스도가 되셨다. 순종에는 여러 가지 유형이 있다.

인간의 상태(사 53:6; 엡 2:1~3)

- **자애** : 이 세상에서 어떤 사람보다도 우리가 사랑하는 사람은 바로 나 자신이다. 우리는 다른 사람들이 나를 우러러보며 존경해주기를 원한다.
- **자만** : 나 자신을 자랑하기 좋아하고 다른 사람들에게 내가 얼마나 중요한 사람인가를 나타내기 좋아한다.
- **자기 연민** : 일이 잘 되지 않을 때 자신에 대해 슬픔을 느낀다. 내가 쉽게 마음이 상하기도 한다. 우리 자신은 다른 사람들보다 훨씬 더 어려운 일을 당한다고 생각한다.
- **자기 추구** : 우리는 언제나 가지고 있지 못한 것들을 가지고 싶어 한다. 우리가 가진 것만으로는 불평하고 불만족해 한다.
- **자기 합리화** : 우리는 자신의 잘못을 인정하려 들지 않는 속성이 있다. 자기 자신을 방어하면서 다른 사람을 비난하지 않고 묵인해준다.
- **자기 고집** : 우리는 자신의 길(방법)을 원한다. 어떤 사람의 지시나 명령을 받기 싫어한다. 그래서 하나님께도 반역한다.

육신의 생각은 우리의 적이다. 육신의 생각의 지배를 받고 있는 동안 우리는 많은 죄를 짓게 된다. 육신의 생각은 하나님께 결코 순종하지 않는다(롬 8:7).

주재권의 영역을 점검해보라

- 당신은 모든 일에 주님을 첫자리(우선순위)에 모시는가?
"그런즉 너희는 먼저 그의 나라와 그의 의를 구하라 그리하면 이 모든 것을 너희에게 더하시리라"(마 6:33).

- 당신은 몸으로 어떻게 주님께 헌신하고 있는가?
"너희 몸은 너희가 하나님께로부터 받은 바 너희 가운데 계신 성령의 전인 줄을 알지 못하느냐 너희는 너희 자신의 것이 아니라 값으로 산 것이 되었으니 그런즉 너희 몸으로 하나님께 영광을 돌리라"(고전 6:19~20).

- 하나님은 우리에게 주신 모든 것의 주인이시다(대하 29:14). 우리는 관리인 또는 청지기들이다(고전 4:2). 주 되신 주님을 위하여 소유물, 재능, 시간 등을 어떻게 감당해야 하는가?

- 당신은 이웃과 어떤 태도로 관계하면서 살고 있는가(대인 관계)? 서로 사랑하는 것은 주 예수님의 제자 됨의 증표다(요 13:35). 사랑은 희생적인 것이지 감정적인 것이 아니다. 주님께서는 사람들과 함께 음식을 나누셨다(눅 15:2).
"모든 사람과 더불어 화평함과 거룩함을 따르라 이것이 없이는 아무도 주를 보지 못하리라"(히 12:14).

- 혼인의 문제 : "네 하나님 여호와께서 그들을 네게 넘겨 네게 치게 하시리니 그때에 너는 그들을 진멸할 것이라 그들과 어떤 언약도 하지 말 것이요 그들을 불쌍히 여기지도 말 것이며 또 그들과 혼인하지도 말지니 네 딸을 그들의 아들에게 주지 말 것이요 그들의 딸도 네 며느리로 삼지 말 것은 그가 네 아들을 유혹하여 그가 여호와를 떠나고 다른 신들을 섬기게 하므로 여호와께서 너희에게 진노하사 갑자기 너희를 멸하실 것임이니라"(신 7:2~4).
"내가 그들을 책망하고 저주하며 그들 중 몇 사람을 때리고 그들의 머리털을 뽑고 이르되 너희는 너희 딸들을 그들의 아들들에게 주지 말고 너희 아들들이나 너희를 위하여 그들의 딸을 데려오지 아니하겠다고 하나님을 가리켜 맹세하라 하고 또 이르기를 옛적에 이스라엘 왕 솔로몬이 이 일로 범죄하지 아니하였느냐 그는 많은 나라 중에 비길 왕이 없이 하나님의 사랑을 입은 자라 하나님이 그를 왕으로 삼아 온 이스라엘을 다스리게 하셨으나 이방 여인이 그를 범죄하게 하였나니 너희가 이방 여인을 아내로 맞아 이 모든 큰 악을 행하여 우리 하나님께 범죄하는 것을 우리가 어찌 용납하겠느냐"(느 13:25~27).

"너희는 믿지 않는 자와 멍에를 함께 메지 말라 의와 불법이 어찌 함께 하며 빛과 어둠이 어찌 사귀며 그리스도와 벨리알이 어찌 조화되며 믿는 자와 믿지 않는 자가 어찌 상관하며 하나님의 성전과 우상이 어찌 일치가 되리요 우리는 살아 계신 하나님의 성전이라 이와 같이 하나님께서 이르시되 내가 그들 가운데 거하며 두루 행하여 나는 그들의 하나님이 되고 그들은 나의 백성이 되리라"(고후 6:14~16).

- 가족과 직장 : "또 다른 사람이 이르되 주여 내가 주를 따르겠나이다마는 나로 먼저 내 가족을 작별하게 허락하소서 예수께서 이르시되 손에 쟁기를 잡고 뒤를 돌아보는 자는 하나님의 나라에 합당하지 아니하니라 하시니라"(눅 9:61~62).

우리는 모든 일을 주님께 하듯 해야 한다(골 3:23).

- 언어와 생각 : 주님께서 말과 생각의 주인이 되셔야 한다. 우리는 듣기는 속히 하고 말하기는 더디 해야 한다(약 1:19).

"우리가 다 실수가 많으니 만일 말에 실수가 없는 자라면 곧 온전한 사람이라 능히 온 몸도 굴레 씌우리라 우리가 말들의 입에 재갈 물리는 것은 우리에게 순종하게 하려고 그 온 몸을 제어하는 것이라"

(약 3:2~3).
- 몸 : "그러므로 형제들아 내가 하나님의 모든 자비하심으로 너희를 권하노니 너희 몸을 하나님이 기뻐하시는 거룩한 산 제물로 드리라 이는 너희가 드릴 영적 예배니라"(롬 12:1).
- 돈 : "돈을 사랑하지 말고 있는 바를 족한 줄로 알라 그가 친히 말씀하시기를 내가 결코 너희를 버리지 아니하고 너희를 떠나지 아니하리라 하셨느니라"(히 13:5).
- 장래 계획 : "사람이 마음으로 자기의 길을 계획할지라도 그의 걸음을 인도하시는 이는 여호와시니라"(잠 16:9).
- 거주지 : "여호와께서 아브람에게 이르시되 너는 너의 고향과 친척과 아버지의 집을 떠나 내가 네게 보여줄 땅으로 가라"(창 12:1).

새로운 주인과 새로운 삶

하나님께서는 우리의 자기중심의 삶을 처리하셨을 뿐 아니라 우리에게 새로운 주인을 주셨다(갈 2:20). 우리의 새로운 주인은 그리스도이시다. 그분은 우리의 중심에 살기 위해 오셨고 우리 삶의 주(主)이시다(롬 14:9). 우리는 자아를 부인해야 한다. 만일 주님을 따르기를 원한다면 우리 중심의 보좌에서 자아를 내려놓아야 한다. 더 이상 내 인생의 주인은 내가 아니고 그리스도이시다(눅 9:23). 그리스도께 온전히 순종하라. 그리스도는 우리의 새 주인이시다(고후 5:14~15).

나눔과 적용

- 내가 아직 하나님의 주재권에 순종하지 못하는 영역을 함께 나누라.
- 그리스도의 제재를 받지 않는 영역에서 주재권을 인정하기 위해 당신은 무엇을 할 수 있는가?
- 내가 왜 하나님의 주재권을 인정하지 못하는지 함께 토의해보라.

제15장
제자도

수많은 무리가 함께 갈새 예수께서 돌이키사 이르시되 무릇 내게 오는 자가 자기 부모와 처자와 형제와 자매와 더욱이 자기 목숨까지 미워하지 아니하면 능히 내 제자가 되지 못하고 누구든지 자기 십자가를 지고 나를 따르지 않는 자도 능히 내 제자가 되지 못하리라(눅 14:25~27)

제자인가? 무리인가?

후안 까를로스 오르티즈는 「제자입니까」라는 책으로 한국 교회에 신선한 충격을 주었다. 예수님의 공생애 사역 중에 많은 사람이 주님 곁에 있었지만 모두가 제자로 헌신된 사람은 아니었다. 무리와 제자의 차이점은 무엇인가? 성경은 무리와 제자를 분명하게 구분한다. 무리는 내가 나의 주인인 사람이다. 많은 무리가 자신의 유익을 위해 자신의 관점에서 예수님을 따랐다. 이들은 예수님의 고난을 이해하지 못했고 그 고난에 동참할 수도 없었다. 예수님께서 십자가에 달리실 때 무리들은 모두 떠나버렸다.

하나님께로부터 오는 복만 바라고 주님을 따르기 위해 드려야 할 것을 포기하지 못한다면 우리는 여전히 무리에 머물러 있는 자다. 무리는 주님의 일꾼이 될 수 없고 하나님의 마음을 기쁘시게 할 수 없다. 예수님께서는 무리를 향하여 돌아서서 제자를 부르신다. 예수님께서는 우리가 무리에 머물기를 원하시지 않는다. 주님께서 삶을 이끄시도록 자신을 드리는 사람이 바로 주님의 제자들이다.

제자도와 수도원 운동

4세기에 수도원 운동이 일어났다. 위대한 교부였던 제롬, 파코미우스, 바실리우스 같은 사람들이 그 운동을 주도했다. 최초의 수도사로 알려진 안토니우스는 자신의 모든 재산을 팔아 가난한 사람들에게 나누어주고 사막으로 들어갔다. 파코미우스와 제롬도 마찬가지다.

제자도에 대한 해석 중 가장 과격한 해석을 한 사람들은 수도원 운동가들이다. 그들은 예수님의 말씀을 매우 진지하게 받아들였다. 수도사들이 성경 중의 성경으로 부르는 구절은 마태복음 19장 21절이다. 한 부자 청년이 예수님 앞에 와서 어떻게 해야 구원을 얻을 수 있는지를 묻자, 예수님께서는 하나님을 사랑하고 도둑질하지 말고 살인하지 말고 부모를 공경하라는 계명의 말씀을 하신다. 그가 어려서부터 그것을 다 지켰다고 말하자 예수님께서는 "네가 완전하고자 할진대 가서 네 모든 소유를 팔아 가난한 자들에게 주라 …… 그리고 와서 나를 따르라"고 말씀하신다. 재산이 많은 부자 청년은 그냥 돌아갔으나 수도사들은 값을 지불하여 재산을 포기했고 가족도 포기했으며 심지어 자기 목숨까지도 포기했다.

제자도란 무엇인가?

유진 피터슨은 제자도란 '마음속으로 믿는 것을 일상의 삶에서 실천하는 것'이라고 했다. 제자도는 스승이신 우리 주 예수 그리스도께서 가신 길을 따라가는 길이다. 주님을 따르는 것이 제자도의 핵심이다.

멘토 이야기

멘토는 오디세우스가 트로이 전쟁으로 자신의 왕국 이타케 섬을 떠나면서 현명하고 박식한 친구인 멘토에게 외아들을 맡긴 데서 유래했다. 남을 가르치는 것은 생각할수록 어려운 일이라고 하지만 힘이 되는 이들을 내 인생의 스승, 내 삶의 멘토로 받아들이는 것은 결국 나 자신에게 달려 있다.

멘토란 정신적 스승, 정신적 지주를 가리키는 말이다. 멘토가 있다면 행복한 사람이다. 자동차의 내비게이션처럼 우리의 험한 삶을 안내할 멘토가 필요하다. 그런 의미에서 예수 그리스도는 우리 생명의 근원이시요, 목숨을 걸고 우리 인생을 지키고 축복하실 우리의 영원한 멘토이시다.

제자의 자기 부인

제자도의 첫 번째 요소는 자기 부인이다. 내 안에 있는 높아지고자 하는 모든 요소를 거부하고 예수님처럼 낮은 곳에 임하려는 삶의 자세를 말한다. 자기 자신만의 성공을 향해 달려가는 성공 지향적인 삶을 지양하고, 예수님의 가치관에 우리의 가치관을 맞추고 주님을 좇아가는 것을 말한다.

주님의 고난에 동참하려는 열망은 기독교의 중요한 운동들의 시발점이 되었다. 모든 기독교 운동의 배후에는 제자도의 첫 번째 요소인 자기 부인이 있다. 주님의 고난에 동참하려는 열망과 주님의 남은 고난에 동참하며 십자가를 지고자 하는 도전들이 있었다. 수도자들이 배불리 먹지 않고 잠도 많이 자지 않고 심지어는 채찍을 만들어 스스로의 몸을 채찍질했던 이유는 예수님의 고난에 동참하려는 마음이 있었기 때문이다. 그들은 많이 먹지도 않았다. 중세에 용서받지 못할 일곱 가지 죄 중의 한 가지가 배불리 먹는 죄였다. 그들은 자기를 부인하고 십자가를 지라는 말을 예수님의 고난에 동참하라는 의미로 받아들였다.

제자는 배우는 사람

하나님을 믿는다고 하면서 자기를 부인하지 않고 자기 십자가를 지지 않고 주님을 배우지도 않고 제자도를 따르지 않는 일은 기독교에서 말이 안 되는 일이다. 하나님을 믿는데 말씀이 없으며, 예수님을 사랑하는데 복음이 없으며, 교회를 사랑하는데 예수 그리스도가 없는 것이다. 주님은 말씀하신다.

"수고하고 무거운 짐 진 자들아 다 내게로 오라 내가 너희를 쉬게 하리라 나는 마음이 온유하고 겸손하니 나의 멍에를 메고 내게 배우라 그리하면 너희 마음이 쉼을 얻으리니"(마 11:28~30).

제자는 말씀에 거하는 사람

제자의 가장 큰 특징은 말씀의 사람이라는 것이다. 하나님 나라의 특징은 말씀에 있기 때문이다. 하나님께서는 말씀으로 통치하신다.

"그러므로 예수께서 자기를 믿은 유대인들에게 이르시되 너희가 내 말에 거하면 참으로 내 제자가 되고 진리를 알지니 진리가 너희를 자유롭게 하리라"(요 8:31~32).

"나의 계명을 지키는 자라야 나를 사랑하는 자니 나를 사랑하는 자는 내 아버지께 사랑을 받을 것이요 나도 그를 사랑하여 그에게 나를 나타내리라"(요 14:21).

제자는 섬기는 사람

진정한 섬김은 자기 부인 또는 자기 없음에서 출발한다. 이것은 새삼 강조할 필요가 없는, 그리스도인이라면 누구나 알고 있는 사실이지만, 머리로 이해하고 알고 있는 것과 가슴으로 말씀을 듣고 품는 것에는 너무나 큰 차이가 있다. 십자가의 대속을 앞두고 가르치신 주님의 말씀을 들어보라.

"인자가 온 것은 섬김을 받으려 함이 아니라 도리어 섬기려 하고 자기 목숨을 많은 사람의 대속물로 주려 함이니라"(마 20:28).

사도 바울은 이렇게 말했다.

"육신을 따르는 자는 육신의 일을, 영을 따르는 자는 영의 일을 생각하나니 육신의 생각은 사망이요 영의 생각은 생명과 평안이니라 육신의 생각은 하나님과 원수가 되나니 이는 하나님의 법에 굴복하지 아니할 뿐 아니라 할 수도 없음이라 육신에 있는 자들은 하나님을 기쁘시게 할 수 없느니라"(롬 8:5~8).

우리의 곤고함의 원인은 대부분 육신의 감각들 때문이며 자기 부인이 안 되었기 때문이다.

제자는 제자 삼는 사람

지금 한국 교회에 필요한 것은 그리스도를 따르는 진정한 제자도다. 프로그램화한 제자 훈련이 아니라 그리스도를 배우고 따르는 진정한 제자도가 필요하다. 제자도 없이는 주님과 동행할 수 없으며, 하늘의 평안과 사랑과 세상을 이길 능력을 상실하고, 예수 그리스도 안에 있는 풍성한 삶을 누릴 수 없다. 주님은 모든 사람들이 아니라 주께 나아와 자기 멍에를 메고 주를 따르는 자들에게 영혼의 쉼과 영적 자유를 약속하셨다.

우리 시대 교회의 위기는 복음의 능력을 상실한 기독교로 전락하는 것이며, 성령과 예수 그리스도를 따르는 제자도가 없는 것이다. 하나님을 믿는 무리는 많으나 값을 지불하고 기꺼이 주님과 주의 말씀을 따르는 자들이 적다는 것이다. 왜 이 땅의 교회는 이토록 선한 영향을 나타내고 있지 못하는 것일까? 현대의 최고 지성 가운데 한 분인 윌라드는 현대 기독교가 직면한 문제는 '제자가 되어, 제자를 삼으라'는 예수님의 지상 명령에서 제자 됨을 교회가 잃어버린 데 원인이 있다고 지적한다. 그는 「잊혀진 제자도」에서 "우리는 은혜로 구원받은 동시에 은혜로 마비되고 말았다"고 단언한다. 제자도가 없는 기독교는 교회의 힘을 앗아갈 뿐만 아니라 교회 그 자체를 당대의 문화에 동화시켜버리고 교회는 능력과 권위를 잃어버린다.

데이비드 왓슨도 현대 교회의 능력 상실은 제자 됨의 측면을 무시해 온 결과라고 말한다. 예수님을 믿고 따르겠다는 것은 우리의 모든 것을 포기하고 예수님을 주님으로 모시겠다는 것을 의미한다.

과연 우리는 이 복음을 올바로 선포하고 있는가? 교회의 바른 교회 됨의 표지는 바른 말씀 선포에 있다. 우리가 성령 안에서 변화되고 늘 기도와 말씀으로 무장한 영적 전투의 삶을 살며 복음을 증거하는 단순한 삶으로 살아갈 때 우리의 교회가 변화될 것이라고 데이비드 왓슨은 지적한다. 바로 그것이 제자를 삼으며 땅 끝까지 이르러 주님의 증인이 되는 주님의 명령이기 때문이다.

제자도의 세 가지 요소

예수님께서 지상 사역을 하시며 모범을 보여주신 몇 가지 삶의 요소들이 있다. 제자도는 기본 요소들을 하나의 개념으로 표현하는 말이다. 성경에는 제자도라는 용어가 나오지 않는다. 그러나 복음서와 사도행전에는 제자도를 표현하는 말들이 가득 차 있다. 제자도는 제자들이 삶 속에서 실행해야 할 삶의 원리들로 '인격적 위탁, 증인, 종' 이라는 세 가지 요소가 있다.

인격적 위탁

인격적 위탁은 예수님께 우리 자신을 전적으로 내어 맡기는 것을 의미한다. 신약성경에 나타난 제자의 의미를 고려해볼 때 인격적 위탁이 안 된 사람은 제자라고 할 수 없다(마 10:37, 16:24; 눅 14:26~27, 33). 복음서에서 예수님께서 주를 따르라고 명령하실 때 모든 것을 포기하지 않고 따른 예는 하나도 찾아볼 수 없다(마 19:17~22; 눅 9:59~60; 18:18~30).

제자는 예수 그리스도를 향한 절대적 사랑을 가져야 한다. 예수님의 제자가 되기를 원한다면 삶 가운데 예수님과 비길 수 있는 것은 아무것도 없어야 한다. 제자로 인격적 위탁을 하기 위해서는 자기를 부인해야 한다는 것이다. 자기 부인이란 단순히 쾌락이나 사치, 어떤 행위들을 버리는 극기와는 다르다. 우리 삶의 보좌를 예수님께 내어 드리고 자신은 거기에서 전적으로 물러나는 것을 포함한다(마 16:24).

제자가 치러야 할 대가는 자기 십자가를 지고 주님을 따르는 삶이다. 자신이 지금까지 사랑하던 욕망, 평안, 꿈 등을 다 버려야 한다. 제자는 자기가 좋아하는 대로 살아갈 수 없다. 우리가 져야 할 십자가는 세상이 그리스도인을 어떻게 거스르든지 믿음 안에서 감당할 각오를 하고 극복해 나가는, 그리스도인들이 당하는 고난을 의미한다(롬 8:17; 벧전 2:21).

세상은 예수 그리스도를 미워한다. 세상은 또한 그리스도인들도 미워한다. 세상은 그리스도를 대적하였다. 세상은 또한 그리스도인들을 대적하였다. 그러므로 자기 십자가를 질 때 비로소 우리는 주님과 동일하게 되는 것이다(고후 11:23~27).

제자는 그가 치러야 할 대가를 미리 계산해야 한다. 망대를 세우는 자가 사전에 공사비를 계산하는 것은 당연하다. 선전 포고를 하기 전에 전비와 승산의 가능성을 미리 계산하지 않으면 싸움에서 이길 수 없다. 주님은 충동적으로나 그릇된 목적으로 제자가 되는 일은 거절하신다(눅 14:28~34). 제자가 치러야 할 대가는 생명을 바치는 절대적 헌신이다(마 10:39; 행 20:24; 요일 3:16).

남김없는 포기를 해야 비로소 제자가 될 수 있다. 첫째 조건은 마음의 애정에 관한 것이고, 둘째 조건은 삶의 행위에 관한 것이고, 셋째 조건은 개인의 소유에 관한 것이다. 남김없는 포기를 통한 위탁은 소유를 올바르게 사용하는 것이다. 주님께서 그것들을 우리에게 선물로 주신 것은 그 소유의 주인이 되라는 것이 아니라 위탁자가 되라는 의미다(마 19:21).

증인

예수님께서 제자들에게 위임하신 궁극적인 일은 예수님을 증거하는 것이었다. 예수님께서는 세상에서 자기를 증거할 사람들을 부르셨다. 그래서 누가복음과 사도행전에서는 증거 또는 증인이라는 말이 제자를 부르는 소명과 불가분의 관계를 가지고 자주 사용된다.

증거 또는 증인이라는 용어를 누가는 두 가지 의미로 사용하고 있다. 하나는 예수님의 십자가와 부활 사건을 직접 목격한 사도들이 그것을 전하는 경우며, 다른 하나는 사도들의 증거를 듣고 믿은 사람들이 그것을 다른 사람 앞에서 고백하거나 전하는 경우다. 예수님께서는 승천 직전에 제자들에게 복음을 전할 것을 명령하셨다(눅 24:48; 행 1:8). 증거의 사역은 사도들에게만 국한되지 않았다(눅 24:33; 행 22:20). 사도들은 어떤 강요나 명령에 따라 예수님을 증거한 사람들이 아니었다(행 4:20).

제자와 증인의 관계를 살펴보면 복음서와 사도행전에 나오는 증거는 모두 입으로 전하는 말의 전도였다. 제자들의 증거는 복음을 말하는 것이었지 그들의 선한 생활이 일으키는 어떤 감동이 아니었다. 그들이 핍박을 받은 것도 복음 증거 때문이었다(행 4:29, 31, 8:4~6). 교회에서 평신도를 예수님의 제자로 훈련한다는 것은 그가 예수님을 전 생활 영역에서 고백하고 증거하는 증인이 되게 한다는 것을 의미한다. 그러므로 말로 전하지 않는 증거는 성경이 의미하는 온전한 증거가 될 수 없다.

종

'종'은 신분을 나타내는 말로, 제자가 된 사람이 그리스도 안에서 어떤 존재가 되어야 하는가를 말해준다. '섬기다'는 신분보다 기능을 강조하는 것으로, 그리스도를 절대 주인으로 모신 제자의 생활이 어떠해야 하는가를 가르쳐준다. 종직은 우리 주님께서 보여주신 모범이므로 제자로서 피할 수 없다. 주님은 종의 몸으로 이 세상에 오셨다. 그리고 종으로 한 세상을 사셨다. 그의 삶은 섬기는 삶이었다(막 10:45; 눅 22:27; 요 13:14~15; 빌 2:7~8).

주님의 제자가 된다는 것은 십자가를 진다는 말이다. 제자의 사명은 생명을 잃을 각오가 없이는 절대로 완수할 수 없다. 예수님께서 제자들을 보내신 곳은 세상 임금이 주관하는 악한 세상이다. 그래서 종은 주인이 마시는 잔을 함께 마셔야 하고 주인과 같이 환난을 당할 각오를 해야 한다(마 20:22~23; 요 16:33).

종은 주인의 명령과 삶을 좇아가야 한다. 주님께서 우리에게 주신 새 계명은 제자의 외적인 면에 관한 것으로, 이웃과 제자와의 관계에 대한 것이다. 요한복음 13장 34~35절에서 제자 됨의 표지를 무엇이라고 말씀하는가? 그 사랑의 속성과 사랑해야 할 이유를 다른 성경에서 찾아 연관 지어보라. 주인은 종의 청지기직의 결산을 요구한다. 그러므로 제자는 열매 맺는 삶을 사는 자이다(요 15:7~8; 갈 5:22~23). 제자는 주인의 말씀에 절대적으로 순종하는 종의 모습인 것이다(요 8:31~32, 15:7). 교회에서 제자 훈련을 할 때 목표는 한 사람 한 사람의 인격 속에 종의 모습으로 섬기는 자의 삶을 살아가도록 훈련하는 것이다.

지금까지 제자가 갖추어야 할 세 가지 요소에 대하여 검토해보았다. 누구든지 위탁자, 증인, 종으로서의 요소를 그 사람의 인격과 삶에서 온전하게 갖춘다면 세상은 그의 인격 속에서 예수님의 형상을 볼 수 있을 것이다. 제자 훈련의 절정은 우리의 삶 속에 그리스도가 반사되며, 우리 한 사람 한 사람이 작은 예수가 되어 주님의 나라를 확장하는 하나님의 동역자로 살아가는 데 있다.

예수님께서는 무리들에게 포기와 순종을 요구하셨다. 무엇을 얻기 위해서는 다른 것을 포기해야 한다. 무엇을 얻기 위해 포기해야 하는 것을 경제학에서는 '기회 비용'이라고 한다. 어떤 것의 가치는 기회 비용의 크기에 따라서 매겨지기도 한다. 예수님께서는 "너희 중의 누구든지 자기의 모든 소유를 버리지 아니하면 능히 내 제자가 되지 못하리라"고 하셨다.

우리는 과연 예수님의 제자가 되기 위하여 무엇을 포기하고 있는가? 재물이나 가족이나 심지어 목숨까지도 예수님의 부름 앞에서 버릴 수 없다면 진정한 예수님의 제자가 될 수 없다. 주님은 우리의 모든 것을 버리고서라도 붙잡아야 할 길이요, 진리요, 생명이시다. 예수님께서 제자들을 택하신 이유는 그의 선교 활동을 계속할 그의 사람이 필요했기 때문이다. 예수님께 필요한 것은 주의 말이 그대로 인쇄된 산 교본의 구실을 할 수 있는 제자들이었다.

전략으로서의 제자도

도슨 트로트맨은 사도행전과 복음서를 집중적으로 읽으면서 '전도하라'는 것은 말이 아니고 3년 동안 자기와 닮은 사람을 만드는 훈련을 하라는 것임을 깨달았다. 그래서 제2차 대전에 6개월 동안 해군들이 훈련을 받고 샌디에이고에서 하선하면 전도했다. 그리고 전도한 해군들을 집으로 데리고 와서 그들과 동거하면서 나누고 암송 카드를 만들고 중요 성경 구절을 외웠다. QT를 하면서 오전에는 공부하고 오후에는 전도했다. 저녁에 전도를 하면서 받은 은혜를 나누었다. 그 사병들이 자기가 배우고 기록한 것들을 가지고 배에 올라갔다. 도슨 트로트맨은 선상에서 똑같이 하라고 명령했다. 사병들은 선상에서 전도했다. 진주만에서 폭격당할 때 묵상하면서 죽은 사병이 많았다고 한다. 한 청년이 말씀에 눈을 뜨고 전 세계에 영향을 미친 것이다. 도슨 트로트맨은 매일 52개 주와 세계 지도를 손으로 짚어가면서 제자가 벌떼처럼 일어나게 해달라고 기도했다.

사도행전에서는 제자라는 말이 보편화되었다. 신앙을 가진 사람은 누구나 다 제자였다. 그런데 서신서에서는 제자라는 단어가 사라졌다. 타당하다고 생각하는 의견은, 서신서에 있는 교회는 모두 헬라 가운데 있는 교회였다는 것이다. 제자라는 말에 대한 고정관념들이 있었기 때문이라는 것이다. 그 당시 제자는 지혜와 지식을 배우는 자였다. 그러나 예수님의 제자는 예수님 자신을 배우는 것이다. 그래서 제자라는 말이 사라졌다고 할 수 있다. 제자를 대신하는 발전된 용어가 서신서에 있는데 바로 온전한 자다.

"이는 성도를 온전하게 하여 봉사의 일을 하게 하며 그리스도의 몸을 세우려 하심이라 우리가 다 하나님의 아들을 믿는 것과 아는 일에 하나가 되어 온전한 사람을 이루어 그리스도의 장성한 분량이 충만한 데까지 이르리니"(엡 4:12~13).

"우리가 그를 전파하여 각 사람을 권하고 모든 지혜로 각 사람을 가르침은 각 사람을 그리스도 안에서 완전한 자로 세우려 함이니"(골 1:28).

"이는 하나님의 사람으로 온전하게 하며 모든 선한 일을 행할 능력을 갖추게 하려 함이라"(딤후 3:17).

C. S. 루이스는 「순전한 기독교」에서 "교회는 모든 사람들을 그리스도께로 이끌어서 작은 그리스도로 만드는 것 때문에 존재한다. 만약 이것을 하지 않는다면 건물, 설교, 성경, 선교, 모든 것이 시간 낭비다"라고 말했다.

헨리 나우웬은 "우리의 영적 생활에서 가장 큰 도전은 우리 자신이 예수님과 같다고 주장할 수 있도록 하는 것이다. 우리는 오늘 살고 있는 예수라고 말할 수 있어야 한다. 진정한 구원은 그리스도와 같이 되는 것이다"라고 말했다.

예수님은 설교도 하셨지만 예수님의 목적은 제자를 키우는 것이었다. '건물을 남기는 목회를 하지 말고 사람을 남기는 목회를 하라' 는 말이 있다. 오늘 우리에게 예수 그리스도의 제자도의 정신이 어느 때보다도 요청된다.

나눔과 적용

- 당신은 제자인가?
- 제자의 삶을 실천할때 당신의 삶을 방해하는 것은 무엇인가?
- 제자로서 당신의 삶의 우선순위는 어떠한가?

제16장
하나님의 인도

너는 마음을 다하여 여호와를 신뢰하고 네 명철을 의지하지 말라 너는 범사에 그를 인정하라 그리하면 네 길을 지도하시리라(잠 3:5~6)
여호와께서 그들 앞에서 가시며 낮에는 구름 기둥으로 그들의 길을 인도하시고 밤에는 불 기둥을 그들에게 비추사 낮이나 밤이나 진행하게 하시니 낮에는 구름 기둥, 밤에는 불 기둥이 백성 앞에서 떠나지 아니하니라(출 13:21~22)

그리스도인으로서 하나님의 인도를 어떻게 받아왔는가? 하나님께서는 뜻을 세우고 일하신다(요 4:34, 6:38~39; 눅 22:42~44). 하나님께서는 우리가 주의 뜻을 분별하기를 원하신다(시 32:8; 롬 12:2; 엡 5:17). 하나님께서 나를 인도하신다는 것은 출애굽처럼 흥미진진한 일이다. 하나님의 인도가 없으면 주술적 신앙이 되고 하나님의 뜻이 아니면 불법이다(마 7:23). 우리에게 일어나는 모든 것에 하나님의 안배가 있다(마 10:29~30; 눅 12:6). 하나님의 뜻일 때 이것저것을 할 수 있다(엡 5:17; 약 4:15; 요일 2:17). 많은 사람들이 하나님의 뜻에 순종하지 않고 자기에게 하나님을 맞추어 왕처럼 산다. 차를 운전할 때는 신호등과 교통 안전 표지판을 주의 깊게 보고 지켜야 한다. 하나님의 백성인 그리스도인은 하나님의 뜻과 지시를 따라야 한다. 그러므로 그리스도인들은 늘 다음과 같은 물음을 가져야 한다.

"나는 지금 하나님께서 기뻐하시는 곳에 있는가? 나는 지금 하나님께 순종하고 있는가? 나는 지금 하나님께서 원하시는 일을 행하는가?"

그래서 하나님께서 기뻐하시는 삶을 살아야 한다. 나의 현재의 영적 상태가 정상적이라고 생각하는가? (비정상적인 경우 어떠한 결정이든 행하지 않는 것이 좋다.) 하나님의 인도를 받으려면 하나님의 뜻을 잘 알아야 한다.

왜 하나님의 인도를 받아야 하는가?

하나님의 인도하심을 받으려면 하나님을 알아야 한다. 하나님(성령) 안에서의 삶은 하나님(성령)께 이끌려 이루어지는 삶이다. 길은 인도자가 누구냐에 따라 방향과 결과가 달라진다. 하나님께서는 우리의 삶을 결정지으시며 인도하신다(시 37:3~5). 내 인생의 모든 것을 결정지으시고 이미 알고 준비하시는 하나님 앞에 우리는 날마다 하나님의 뜻을 알고자 나아가야 한다. 하나님께서는 항상 나를 인도하기 원하신다(사 48:17, 58:11). 하나님께서는 하나님의 이름을 걸고 책임 있게 인도하신다(시 23:2). 하나님께서는 우리가 하나님의 뜻을 소원하면서 성취하는 삶을 살기를 원하신다(빌 2:13). 하나님께서는 장래 일을 물으라고 하셨다(사 45:11; 히 13:21). 나의 갈 길을 가르쳐 보이고 주목하여 지도하겠다고 하셨다(시 32:8; 잠 3:5~6). 그러나 적극적 사고를 주의하고 욕심을 버리며 그리스도인의 본업을 생각하고 서원에 대해 조심해야 한다.

하나님의 인도

하나님이 인도하시는 삶은 말씀을 통하여 나타난 하나님의 뜻에 현재 나와 나의 삶을 복종시키는 삶을 말한다. 그리스도인들이 하나님께서 예비해두신 길을 따라 나에 대한 하나님의 미래 계획과 현재적 목적을 안내받고 지배받으며 사는 삶이다.

"인간이 가질 수 있는 가장 위대한 지식은 하나님의 뜻을 아는 것이며, 인간이 가질 수 있는 가장 위대한 업적은 하나님의 뜻을 행하는 것이다"(George Truett).

하나님께서는 뜻을 세우고 일하신다(눅 22:42~44; 요 4:34, 6:38~39).

하나님의 뜻에 대한 두 가지 이해

절대적인 뜻 Boule	절대적, 주권적, 분명한 뜻, 구원 계획, 예정적, 포괄적, 영원, 변경 불가, 저항이 불가능한 뜻(행 2:23; 롬 11:33~36; 엡 1:1~14)
소망적인 뜻 Thelema	분명하지 않은 뜻, 미예정적, 제한적, 일시적, 사람의 책임, 변경 가능(시 32:8; 엡 5:15~17)

하나님의 인도를 받기 위해서 전제해야 할 사항

- 하나님과의 영적 관계를 점검하라. 하나님의 자녀로 거듭나야 한다(렘 33:3; 요 1:12~13).
- 내적인 동기를 점검하라. 자기의 욕심이 아니라 하나님의 뜻에 복종하려는 마음이 있는가(빌 2:13; 약 4:3)?
- 영적 상태를 점검하라. 매일 하나님과 교제하며 동행하라(시 1:1~3, 66:1, 119:105; 사 59:1, 2).
- 하나님의 뜻을 따르고 하나님을 잘 섬기기 위함인지를 점검하라(요 7:17; 롬 12:2; 엡 5:17; 약 4:3).
- 범사에 하나님의 주권을 인정하라(삼상 2:6~7; 잠 3:5~6; 빌 2:13).
- 인내하고 기다리는 마음을 가져라(약 5:10~11).
- 적극적인 사고를 주의하고 서원을 조심해야 한다. 일이 잘 풀려도(욘

1장) 하나님의 뜻이 아닐 수 있고, 상황이 좋지 않아도(삼하 12:7) 하나님의 뜻일 수 있다. 서원이나 맹세를 함부로 하지 말고 하나님의 주권을 인정하라.

어떻게 하나님의 인도를 받을 것인가?

사람은 자라면서 관심이 달라진다. 영적으로 성장한다는 것은 '성령 안에서 어떻게 살까?' 하는 도전을 갖는 것이다. 이런 도전에 만족을 줄 수 있는 것은 말씀뿐이다.

"모든 성경은 하나님의 감동으로 된 것으로 교훈과 책망과 바르게 함과 의로 교육하기에 유익하니"(딤후 3:16).

하나님의 뜻이 분명할 때에도 시간과 방법, 부모의 역할이 중요하다(장자권에 대한 이삭과 리브가의 역할 이야기). 소망적인 하나님의 뜻인 경우에도(야곱이 라헬을 사랑한 이야기, 장자가 유다가 되므로 레아가 정실) 하나님의 인도에 대한 말씀이 있다.

하나님의 뜻을 아는 구체적인 방법

- 하나님의 말씀을 통해서(삼상 3:9; 시 119:105; 딤후 3:16)
- 내적 확신과 기도를 통한 평강이 있는가(눅 5:15~16; 요 16:13; 롬 8:5~6; 빌 4:6~7; 요일 5:14)?
- 성숙한 지도자와의 상담을 통해서(잠 11:14, 15:22)
- 공동체(환경)를 통해서 : 하나님께서는 환경을 만들어가신다. 또한 하나님께서는 피할 길을 주시고 이길 힘을 주시고 능히 감당하게 하신다(행 20:23; 롬 1:13).
- 일반 은총과 지혜와 지각과 상식의 자유함을 통해서(시 25:9; 엡 5:15~17; 약 1:5)

- 감정(고후 1:17)
- 약속에 대한 기다림(롬 5:4; 약 5:10~11)

결정이 모호한 것에 대해 하나님의 소망적인 뜻을 결정하는 원리들
- 하나님께서 말씀하시는 것이면 순종할 마음이 있는가(요 7:17)?
- 이 결정은 말씀에 비추어볼 때 어긋남이 없는가(시 119:105)?
- 이 일은 기도하고 결정한 것인가(빌 4:6; 약 1:5)?
- 이 일은 그리스도의 본을 따르는 결정인가(요일 2:6)?
- 하나님 나라와 의를 먼저 구하는 태도로 결정했는가(마 6:33; 고전 10:31)?
- 이 결정은 지상 명령을 이루는 데 효과적인가(마 28:19~20)?
- 나에 대해서 잘 아는 영적 지도자의 동의를 받았는가(잠 11:14)?
- 이 일은 영적 성장에 도움이 되며 나와 다른 사람에게 유익을 주는가(마 22:37~40; 벧후 3:18)?
- 이 결정은 믿음이 연약한 자에게 거치는 것이 되지 않겠는가(고전 8:9)?
- 이것을 결정함으로써 나와 가족은 내적인 평안이 있는가(사 32:17)?

＊ 이상의 질문에 '네', '아니오', '글쎄'로 대답해보라. '네'가 적으면 보류해야 한다.
＊ 이 결정의 장점과 단점에 대하여 생각해보라.

나눔과 적용
- 당신의 일생을 인도할 하나님의 청사진을 알고 있는가?
- 당신의 영적 상태는 어떠한가? 즉흥적으로 결정하지는 않는가?
- 어떻게 개선할 것인가?

제17장
제자훈련의 핵심적 적용

우리가 그를 전파하여 각 사람을 권하고 모든 지혜로 각 사람을 가르침은 각 사람을 그리스도 안에서 완전한 자로 세우려 함이니 이를 위하여 나도 내 속에서 능력으로 역사하시는 이의 역사를 따라 힘을 다하여 수고하노라(골 1:28~29)

제자는 태어나는 것이 아니라 만들어지는 것이다

제자는 훈련이라는 말에서 나왔다. 그래서 헨릭슨은 그의 책「제자는 태어나는 것이 아니라 만들어지는 것이다」에서 '한 사람의 그리스도인이 태어나는 것은 전적으로 하나님의 은혜이지만, 그가 그리스도의 제자로 성장하기 위해서는 양육을 통한 훈련이 필요하다' 라고 강조하고 있다. 사람을 도와 그리스도의 사람으로 키우는 일은 주님이 우리에게 주신 사명이요 특권이다. 그런데 어떻게 주님의 지상 명령을 성취할 수 있을까?

어떻게 지상명령은 성취되는가?

"그러므로 너희는 가서 모든 민족을 제자로 삼아 아버지와 아들과 성령의 이름으로 세례를 베풀고 내가 너희에게 분부한 모든 것을 가르쳐 지키게 하라 볼지어다 내가 세상 끝날까지 너희와 항상 함께 있으리라 하시니라"(마 28:19~20).

예수님께서는 '너희는(Team)' '제자' 삼으라(μαθητευσατε), '모든 일을 가르쳐 지키게 하라' 고 하셨다. 철학자 키에르케고르는 "예수께서 참으로 원하시는 것은 말로만 그를 예찬하는 찬미자가 아니라 그의 생활을 본받고 그대로 실천하는 제자이다"라고 했다. 사람으로 사람을 돕게 하라(겔 22:30).

각 사람과 모든 사람(방목 : 무리 사역)

"우리가 그를 전파하여 각 사람을 권하고 모든 지혜로 각 사람을 가르침은 각 사람을 그리스도 안에서 완전한 자로 세우려 함이니 이를 위하여 나도 내 속에서 능력으로 역사하시는 이의 역사를 따라 힘을 다하여 수고하노라"(골 1:28~29).

생명을 치료하는 의사가 방목(放牧)하듯이 일한다면 많은 문제가 생기게 될 것이다. 기침하면 다 감기약을 먹이고 다리가 아프다고 하면 신경통으로 처방한다면 문제다. 한 사람 한 사람 환자의 몸 상태를 확인하고 청진기로 진찰하고 피 검사, CT 등 환자의 여러 가지 상태에 맞는 검사를 적절하게 하고 나서 처방을 내려야 한다. 영적인 생명도 마찬가지다. 각 사람을 완전한 자로 세우려면 최선을 다해야 한다.

유(類)가 유(類)를 낳는다

"하나님이 이르시되 땅은 풀과 씨 맺는 채소와 각기 종류대로 씨 가진 열매 맺는 나무를 내라 하시니 그대로 되어 땅이 풀과 각기 종류대로 씨 맺는 채소와 각기 종류대로 씨 가진 열매 맺는 나무를 내니 하나님이 보시기에 좋았더라"(창 1:11~12).

말은 망아지를 낳고, 개는 강아지를 낳고, 콩 심은 데 콩 나고, 옥수수

심은 데 옥수수 나듯이 생명이 생명을 낳는다.

전도와 양육의 실패원인

빌리 행크스는 사역의 실패 원인을 진단하며, 사역(전도)의 실패는 훈련을 통해서 한 사람의 신앙 생활에 심어지도록 하나님께서 의도하신 것을 가르치는 것만으로 전달해주려고 시도한 데 있다고 했다. 네비게이토 선교회의 아임스는 돈과 사람과 시간을 투자하면 공장에서 제품이 나오듯이 교회에서 제자가 나와야 한다고 강조했다.

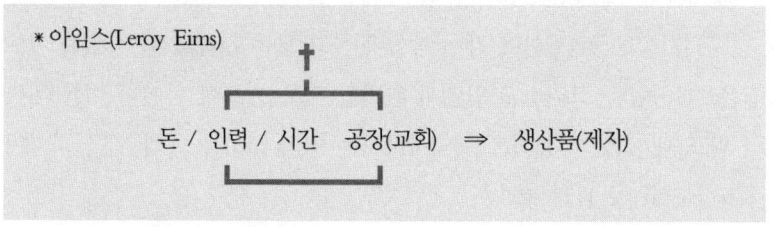

제자훈련의 핵심적 원리

제자훈련의 목표 : 예수 그리스도

"우리가 다 하나님의 아들을 믿는 것과 아는 일에 하나가 되어 온전한 사람을 이루어 그리스도의 장성한 분량이 충만한 데까지 이르리니 이는 우리가 이제부터 어린아이가 되지 아니하여 사람의 속임수와 간사한 유혹에 빠져 온갖 교훈의 풍조에 밀려 요동하지 않게 하려 함이라 오직 사랑 안에서 참된 것을 하여 범사에 그에게까지 자랄지라"(엡 4:13~15).

"우리가 그를 전파하여 각 사람을 권하고 모든 지혜로 각 사람을 가르침은 각 사람을 그리스도 안에서 완전한 자로 세우려 함이니"(골 1:28).

"모든 성경은 하나님의 감동으로 된 것으로 교훈과 책망과 바르게 함과 의로 교육하기에 유익하니 이는 하나님의 사람으로 온전하게 하며 모든 선한 일을 행할 능력을 갖추게 하려 함이라"(딤후 3:16~17).

재생산에 초점 : 전도 – 양육(제자) – 무장(일꾼) – 전문화(지도자) – 선교사(개척자) 학교인가? 훈련인가?

제자훈련의 목표와 중심적인 내용은 하나님 나라다. 하나님 나라를 보여주고 경험하는 데 실패하면 진정한 의미에서의 실패. 자기 제자가 아니므로 적당한 시기에 비켜 서지 않으면 그가 하나님을 온전히 소유하지 못할 것이다. 제자 훈련을 통한 하나님 나라의 성숙과 확장, 양육 체계에 따른 목회의 전체적 그림이 있어야 하고, 목회 현장의 특성을 고려한 단기 목표를 설정해야 한다(단계적인 그림). 그러나 벽걸이용 훈련 목표의 설정은 문제가 된다. 목표에 따른 세부 실천 계획도 친밀하고 일관성 있게 해야 한다.

제자훈련의 성격

제자훈련이란 적은 숫자의 사람들이 모여서 성경을 공부하는 이상의 것이다. 또한 몇 개의 강의를 듣거나 프로그램과 활동에 참여한 것으로 제자훈련을 받았다고 말할 수 없다. 경건한 삶을 살면서 또 다른 사람을 제자 삼는 수준에 머물러서도 안 된다. 제자훈련은 그리스도가 원하는 제자의 삶을 오늘날 우리의 사회적인 정황에서 구체적으로 하나님의 뜻을 이루며 하나님 나라를 보여주고 예수님의 시각으로 세상을 바라보도록 하는 훈련이 되어야 한다. 그리스도를 진지하게 받아들인다면 문자 그대로 우리의 삶을 거꾸로 뒤엎어야 할 것이다.

제자훈련과 성령의 사역

지금까지 선교 단체에서 나온 교재를 보면 성령의 역사에 대해서 말하지만 오순절 주의에서 강조하는 특별한 은사나 이적들은 거의 무시해 왔다. 그 결과 제자 훈련은 성령의 은사와 무관한 듯한 인상을 주게 되

없다. 그러나 성령의 역사를 무시한 제자 훈련은 있을 수가 없다. 예수님의 제자 훈련을 요약한 마가복음 3장 14~19절을 보면 축사와 치유의 권세를 주셨다(눅 9:2, 10:9). 그리고 주님께서는 부활의 목격자이며 하나님 나라의 일과 지상 명령을 알고(행 1:3) 있던 제자들에게 성령이 임하시면 권능을 받고(행 1:8) 사역을 감당할 때 표적도 따를 것을 약속하셨다(막 16:15~18).

그러므로 하나님의 일을 시작하기 전에 먼저 성령의 권능과 인도를 받아야 한다. 제자훈련은 사람의 기술이 아닌 성령의 능력으로 감당할 때 효과적이고 능력 있게 할 수 있다(요 14:12; 행 10:44~46, 19:6; 갈 5:22; 골 1:29). 성경적인 제자 훈련은 계속적으로 역사하시는 성령의 이끄심을 따라야 하며, 훈련의 목표와 방법과 훈련의 주체가 내가 아니라 성령이 되어야 한다. 모든 주도권을 성령께서 가지고 계심을 믿는 믿음에서 사역을 시작해야 한다.

양육을 위한 목회적 전체 그림

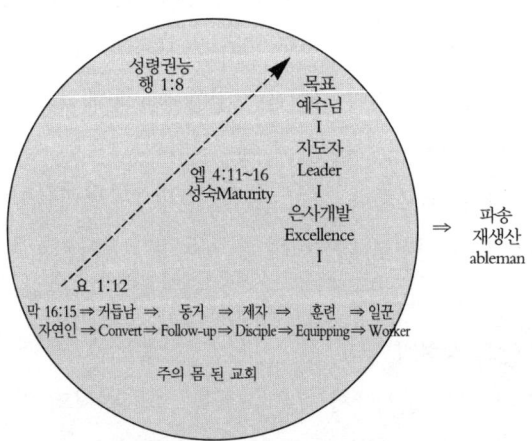

제자도의 표지

제자도가 빠진 기독교는 언제나 그리스도가 없는 기독교라고 본 회퍼가 말했다.

- 주재권(행 2:36), 새로운 삶(존 스토트)
- 순종(롬 6:16)
- 사랑 : 사랑은 하나님 나라의 산소와 같다. 그리스도를 중심으로 관계를 개발하는 일과 사랑의 관심으로 생명이 성장할 수 있는 공동체의 장(비판이 아니라 생명으로 반응)을 개발해야 한다.

  "새 계명을 너희에게 주노니 서로 사랑하라 내가 너희를 사랑한 것 같이 너희도 서로 사랑하라 너희가 서로 사랑하면 이로써 모든 사람이 너희가 내 제자인 줄 알리라"(요 13:34~35).

  "내가 예수 그리스도의 심장으로 너희 무리를 얼마나 사모하는지 하나님이 내 증인이시니라"(빌 1:8).

- 열매 : "좋은 나무가 나쁜 열매를 맺을 수 없고 못된 나무가 아름다운 열매를 맺을 수 없느니라 아름다운 열매를 맺지 아니하는 나무마다 찍혀 불에 던져지느니라 이러므로 그들의 열매로 그들을 알리라"(마 7:18~20).

  "너희가 열매를 많이 맺으면 내 아버지께서 영광을 받으실 것이요 너희는 내 제자가 되리라"(요 15:8).

  "너희가 나를 택한 것이 아니요 내가 너희를 택하여 세웠나니 이는 너희로 가서 열매를 맺게 하고 또 너희 열매가 항상 있게 하여 내 이름으로 아버지께 무엇을 구하든지 다 받게 하려 함이라"(요 15:16).

내용 / ㉠ 원리 전수/ 차이점

㉡ 원리 훈련

＊방법보다는 원리를, 기술보다는 시각을 계발시켜라.

무엇보다도 그의 필요를 채워주도록 도우라.

ⓒ 인격 계발 : 성품

방법 / 가르치고 전파하고 치유하라.

제자훈련의 초점

징모

"그들이 예루살렘에 가까이 와서 감람 산 벳바게와 베다니에 이르렀을 때에 예수께서 제자 중 둘을 보내시며 이르시되 너희는 맞은편 마을로 가라 그리로 들어가면 곧 아직 아무도 타보지 않은 나귀 새끼가 매여 있는 것을 보리니 풀어 끌고 오라 만일 누가 너희에게 왜 이렇게 하느냐 묻거든 주가 쓰시겠다 하라 그리하면 즉시 이리로 보내리라 하시니"(막 11:1~3).

"이때에 예수께서 기도하시러 산으로 가사 밤이 새도록 하나님께 기도하시고 밝으매 그 제자들을 부르사 그 중에서 열둘을 택하여 사도라 칭하셨으니"(눅 6:12~13).

양육 : 일대일, 가정, 소그룹, 교회 공동체(Tom Sine)

집중 : "어떤 성이나 마을에 들어가든지 그 중에 합당한 자를 찾아내어 너희가 떠나기까지 거기서 머물라"(마 10:11).

'머물라' 는 단어가 바로 집중에 대한 말씀이다.

정직 : 공의

탁월성

확신 : 초지일관성

시각 : "너희는 먼저 그의 나라와 그의 의를 구하라 그리하면 이 모든 것을 너희에게 더하시리라"(마 6:33).

동역 : "모세가 여호와께서 자기에게 명령하신 대로 하여 여호수아를

데려다가 제사장 엘르아살과 온 회중 앞에 세우고 그에게 안수하여 위탁하되 여호와께서 모세에게 명령하신 대로 하였더라"(민 27:22~23).

재생산 / 배가 / 증식 : 성장하는 모든 생물체는 증식의 원리로 퍼졌다. 증식은 어떤 것을 생성시키는 하나님의 방법이다. "하나님이 그들에게 복을 주시며 하나님이 그들에게 이르시되 생육하고 번성하여 땅에 충만하라, 땅을 정복하라, 바다의 물고기와 하늘의 새와 땅에 움직이는 모든 생물을 다스리라 하시니라"(창 1:28).

"또 네가 많은 증인 앞에서 내게 들은 바를 충성된 사람들에게 부탁하라 그들이 또 다른 사람들을 가르칠 수 있으리라"(딤후 2:2).

제자훈련 과정의 예

임상 경험적 모델
- 죠이, CCC, 네비게이토 주제별 공부
- 국제제자훈련원(옥한흠 목사)
  ㉠ 초급반(마음의 변화) ㉡ 고급반(의식 개혁) ㉢ 지적인 욕구 충족
  ㉣ 전도 폭발 훈련

예수님을 모델로 한 경우
- 칼 윌슨 : ㉠ 회개와 신앙 ㉡ 계몽과 인도 ㉢ 전도 훈련과 은사
  ㉣ 지도자 양성과 하나님 나라 ㉤ 계시와 분리
  ㉥ 참여와 파견 ㉦ 변화된 삶과 범세계적 도전
- R. 콜먼 : ㉠ 선택 ㉡ 동거 ㉢ 헌신 ㉣ 분여 ㉤ 시범 ㉥ 위임
  ㉦ 감독 ㉧ 재생산

지역교회와 선교단체의 차이점

지역 교회	교리	예배	일반	관계	새신자	교회 성장	새벽예배	회의 중심	직분
선교 단체	복음	선교	학생	훈련	신입생	지상명령	QT	나눔 중심	열매

선교단체와 교회는 적이 아니라 서로 보완적으로 협력해야 할 지체들이다.

결론적으로 트로트맨은 "한 사람을 그리스도에게 이끄는 데는 20분에서 두 시간 정도면 되지만, 한 사람을 영적으로 성장하게 해주는 데는 6개월에서 2년이 걸린다"고 말했다. 헌신되지 않은 지도자가 헌신된 자(또는 헌신하고자 하는 자)들을 붙잡고 지도하는 것은 매우 큰 문제다. 지도자로 있으려면 헌신을 해야 한다. 그렇지 않다면 하나님 나라를 위하여 다른 사역자들에게 위임해야 한다. 그러므로 우리는 사역을 새로운 시각으로 전개해야 할 것이다. 주님께서는 충성된 주님의 사람들에게 이 일을 기대하고 계신다. 그렇다면 이 시간에 당신에게 가장 필요한 것은 무엇인가?

그것은 예수 그리스도께 헌신된 십자가의 군병으로서, 예수 그리스도가 하나님이신 것을 믿을 뿐 아니라 약속하신 것은 모두 이루실 수 있다는 것, 그분에게는 결코 어려운 것이 없다는 것을 믿는 그리스도인이다(D. 트로트맨). 이것만이 예수 그리스도의 지상 명령을 성취할 수 있는 유일한 방법이다.

나눔과 적용

- 디모데와 같은 나의 영적 자녀는 누구인가?
- 나에게 바울과 같은 영적 아버지는 누구인가?

제18장
성경적 세계관과 적용

그런즉 누구든지 그리스도 안에 있으면 새로운 피조물이라 이전 것은 지나갔으니 보라 새 것이 되었도다(고후 5:17)
너희는 이 세대를 본받지 말고 오직 마음을 새롭게 함으로 변화를 받아 하나님의 선하시고 기뻐하시고 온전하신 뜻이 무엇인지 분별하도록 하라(롬 12:2)

세계관이란?

제자 훈련은 사람을 변화시키는 것이다. 제자 훈련의 핵심은 변화다(롬 12:2). 예수 그리스도가 모범과 모델과 기준이 되신다(엡 4:13). 예수 그리스도처럼 생각하고, 말하고, 이 세상을 바라보고, 하나님의 영광을 위해서 일하고, 하나님의 뜻에 죽기까지 복종하는 것이다. 그래서 기독교 세계관, 즉 성경적인 세계관이 중요하다. 믿음은 좋은 것 같은데 생각은 여전히 세상적인 경우가 있다. 하나님의 마음으로 세상을 바라보는 시각이 중요한 이유다. 성경적인 시각으로 사람과 음악, 미술, 역사, 스포츠, 영화, 가정, 교육, 문학과 자연 과학을 비롯한 만물을 바라볼 수 있어야 한다.

세계관의 문자적 의미는 '세계를 보는 시각, 세계를 보는 관점'이다.

세계관의 궁극적 뿌리는 삶이다. 세계관은 사상의 산물이 아니고 단순한 인식 의지에서 나온 것도 아니다. 세계관은 삶의 자세와 경험, 인간의 심리적 총체의 구조에서 발원한다. 세계관은 세계를 다루지만 이때의 세계는 '물리적 대상'으로서의 세계가 아니라 '삶의 터전'으로서의 세계다. 또 세계관은 세계 속에서의 '인간의 삶'을 그 대상으로 다룬다. 세계관은 세계를 삶의 현장으로 이해하고 그 구조와 의미, 가치적인 측면에서 조명하는 것이다. 말하자면 '세계는 도대체 어디로부터 왔는가? 그 속에서 우리는 어떻게 살고, 삶의 의미와 방향을 어디에 두어야 하는가?' 등을 논의하는 것이다.

우리의 주제는 세계관이란 도대체 무엇인지에 대한 개념 규명을 위한 작업이다. 결론적으로 세계관을 다음과 같이 정의하고자 한다. 세계관은 인간이 개별적 또는 공동체적으로 세계와 삶을 직관하는, 말하자면 그것을 이해하고 해석하며 그것에 따라 세상에서의 삶을 영위해가려고 하는 기본적인 의식 방식 또는 근본적인 입장이다.

세계관을 소박하고 넓은 의미에서 본다면 모든 인간은 그들이 의식하든지 못하든지 예외 없이 자기 나름의 세계관을 가지고 있다고 할 수 있다. 아이들은 아이가 보는 대로, 어른은 어른이 보는 대로의 세계관이 있다. 세상을 낙천적으로 보는 사람은 그에게 맞는 세계관이 있고, 염세적으로 사는 사람은 그에 따르는 세계관이 있다. 이것은 광의적으로 볼 때의 세계관으로 이런 세계관을 '일상적 세계관'이라고 할 수 있다. 그러나 세계관을, 세계를 보고 삶을 영위하는 하나의 인식 또는 신념체계라고 한다면 그것은 어떤 체계성을 지닌다. 이러한 세계관은 협의적 의미의 세계관으로 '학문적 세계관'이라고 할 수 있다. 이러한 세계관은 어떤 문명권이나 종교, 철학 사조에 따라 형성되기도 하고 구분되기도 한다.

세계관은 문명권에 따라 동양적 세계관과 서양적 세계관으로 나눌 수도 있고, 히브리적 세계관과 헬라적 세계관으로 분류할 수도 있다. 종교에 따라 기독교적, 힌두교적, 유교적, 불교적 세계관을 논할 수 있고 샤머니즘적, 유신론적, 무신론적 세계관을 말할 수 있다. 철학 경향과 사조에 따라 관념론적, 실재론적, 유물론적, 합리주의적, 경건주의적 세계관을 말할 수 있다. 이처럼 기준과 잣대를 달리 하면 갖가지 유형의 세계관을 논할 수 있다.

하나님에 의해 주어진 계시적 세계관은 성경을 통해서 알 수 있다. 계시적 세계관은 하나님과 그의 계시 말씀을 믿는 믿음에서 얻어지는 신앙적 세계관으로, 그리스도 안에서 구속받은 인간이 갖는 '하나님 중심의 세계관'이다. 그래서 기독교 세계관은 '열린 세계관'이다. 단순히 지상 차원, 현실 차원, 역사 차원 속에 갇혀 있는 세계가 아니라 지상을 넘어 천상, 현실을 넘어 내세의 세계를 말하고 수용하기 때문이다.

그러나 인간이 축적한 경험과 사유를 통해 형성된 세계관은 역사상 여러 모양과 여러 형태로 나타났다가 생성, 소멸된 세계관이다. 하나님을 배반한 인간이 자기 판단과 관점을 과시하는 데서 생기는 세계관이다. 인간적 세계관은 타락한 인간의 세계관으로 '인간 중심의 세계관'이며 '닫힌 세계관'이다. 인간은 세계관을 구성할 때 자연 세계와 현실 세계만 반영할 뿐 자연 세계 너머의 하나님의 세계, 영계, 내세를 모르고 이를 배제하기 때문이다. 닫힌 세계관은 세계와 역사 바깥에 있는 신의 역사와 신이 세계 속에 간섭하는 것을 부인하지만, 열린 세계관에서는 내세와 초월계를 인정할 뿐 아니라 그 세계가 이 역사와 세계에 영향을 주고 관계한다는 것을 주장한다.

기독교 세계관은 하나님께서 세계를 간섭하신다는 정도에 머물지 않고 하나님 편에서 세계를 보려고 한다. 사실 성경은 인간이 하나님에 대해서 말하고 인간이 하나님을 찾는 것에 대한 것이 아니라, 하나님이 인간과 세계와 자신에 대해 말하고 하나님이 인간을 찾는 역사라고 할 수 있다. 따라서 기독교 세계관의 구성과 본질은 하나님 편에서 말씀하시고 보시고 행하신 것을 찾아 그것을 우리의 것으로 만드는 것이다. 물론 인간의 능력만으로는 하나님의 세계를 다 알 수 없다. 하지만 하나님께서 주신 계시인 성경을 통해 하나님의 세계를 볼 수 있다. 성경은 우리에게 하나님께서 세우시고 보신 이 세계의 기원과 구조와 의미에 대해서 말해 준다. 이런 의미에서 기독교 세계관은 은총적 세계관이다.

이 세상의 세계관은 크게 진화론적 유물사관과 인본주의, 성경적 세계관으로 정리되지만 경우에 따라서는 세 가지가 혼합되어 나타나기도 한다. 그래서 철저한 기독교적 신앙을 소유했다고 하더라도 이권에 따라서는 유물주의적인 입장을 취하거나 예술이나 기록을 중시하는 올림픽 같은 경우에는 인본주의적인 시각을 소유하는 경우가 나타나기도 한다.

성경적 세계관의 기본 틀

기독교 세계관은 성경적 세계관이다. 세계관에 대한 관점과 잣대를 성경에서 취한다. 하나님의 말씀은 삶과 행동의 기준이요, 지침일 뿐 아니라 우리의 사고와 인식의 토대를 제공한다.

"만물의 으뜸이 되려 하심이요"(골 1:18).

"너희도 그 안에서 충만하여졌으니 그는 모든 통치자와 권세의 머리시라"(골 2:10; 엡 1:21~22).

그는 교회의 머리일 뿐 아니라 모든 정사와 권세의 머리다. 성경은 세계의 기원과 의미, 본질과 목적을 명확히 제시한다. 세계에 대한 성경적 견해는 풍성하지만 종합적으로 볼 때 다음과 같이 요점을 말할 수 있을 것이다.

"세계는 하나님에 의해 창조되었고, 죄로 인해 타락되었으며, 예수 그리스도의 구속의 은총에 의해 회복되었다."

칼빈이 충분히 언급하고 훗날 A. 카이퍼와 H. 도예베르트 등이 체계화한 성경적 세계관의 기본 틀은 창조-타락-구속이다.

창조에는 세계의 기원과 창조주이신 하나님의 존재, 세계의 모습이 설명된다. 타락은 이 세계의 변모된 성격과 왜 이 세상이 이렇게 죄가 많고 고통과 전쟁이 있으며 문제투성이인지를 말한다. 구속은 이 세계가 과연 새로워질 수 있는지, 궁극적으로 어떻게 됐는지에 대하여 설명해준다. 창조-타락-구속의 원리는 닫힌 세계관에서는 찾아볼 수 없다. 그들은 세계가 세계 바깥의 그 무엇에 의해 만들어졌다고 믿지 않기 때문에 창조를 모른다. 또 닫힌 세계관은 세계를 있는 그대로 보고, 보는 관점에 따라 선하다, 악하다는 정도로만 말하지 그것이 타락 때문인 줄 모른다. 또 이 세계를 단순히 바꾸려고 생각하고 그것이 가능하다고 간주하지 그것의 근본적 치유와 참 치유자인 예수 그리스도의 구속을 알지 못한다. 이렇게 기독교 세계관의 기본 틀인 창조-타락-구속은 세계를 보는 관점을 줄 뿐 아니라 신관, 인간관, 역사관, 문화관, 자연관, 윤리관, 가치관 등 모든 것을 자기 속에 수렴하여 포괄적인 문제들에 대한 기독교 세계관적 관점을 제시해준다.

창조

창조는 세계가 어떻게 형성되었는지를 밝혀줌으로써 세계관에서 가장 원초적이고 기본적인 성격을 규정한다. 성경의 창조 내용은 크게 세 가지 명제에 집약된다. 첫째, 하나님께서 이 세계를 자유적인 의지로 무(無)에서 창조하시되 생물을 종류별로 온전하게 창조하셨다. 둘째, 인간은 하나님의 형상으로 지음 받아 영적 존재와 만물의 영장이 되었고, 만유에 대한 문화적 명령을 받아 하나님의 청지기가 되었다. 셋째, 하나님께서 세계를 창조하신 것은 그의 선하심과 사랑에 있으므로 피조물의 본분은 하나님께 영광을 돌리는 것이다.

여기에서 우리의 주목을 끄는 것은 인간은 만유의 주인이 아니라 청지기라는 점이다. 따라서 인간이 자연을 정복하는 결과는 인간에게 영광을 돌리게 함이 목적이 아니라 하나님께 영광을 돌리는 것이 되어야 한다. 그러므로 우리는 오늘날의 생태계 파괴가 결국 인간이 하나님의 영광보다 자신의 욕망을 충족시키는 목적으로 자연을 개발하고 정복한 데서 빚어졌다는 근거를 가질 수 있다. 인간은 자연의 청지기인데 마치 주인이 된 것처럼 하나님의 영광을 제쳐두고 자신의 욕망을 성취하고 지상에 유토피아를 건설하기 위하여 자연을 수단과 목적으로 삼아 착취한 것이다. 결과적으로 기독교 세계관에서 보는 창조는 하나님께서 세우신 창조 질서가 선하고 아름답다는 것과 하나님 없이는 세계의 존재 의미가 없음을 말해준다.

타락

타락은 그리스도의 구속의 은총이 임하지 않은 현 세상과 자연인의 삶이 어떠한지를 보여주는 것으로, 세 명제로 집약된다. 첫째, 타락은 인간이 자신의 본분을 떠나 하나님의 직접적인 명령을 결정적으로 불순종한 사건이다. 둘째, 타락은 인류의 대표인 아담의 범죄로 야기되었는데 그 영향력이 인간뿐 아니라 그가 대표하는 모든 영역에 임하는 것으로 보편적인 것이다. 셋째, 타락은 인간과 전 피조물이 하나님을 떠나 배도와 불신의 길을 걷고 결국은 진리도 잃고 선도 행할 수 없는 탕자와 미아의 처지에 빠지는 사건이다.

창조가 하나님과 인간과 세계에 대해서 말한다면 타락은 인간과 세계의 현상에 대해서 설명한다. 물론 여기서도 심판자로서의 하나님의 모습이 나타나고 하나님의 공의의 모습도 등장하지만, 가장 분명하게 드러나는 것은 하나님의 사랑과 명령을 저버리고 자신의 생각과 사탄의 길을 따르는 인간의 모습이다. 타락의 문제와 결과는 인간이 하나님과 교제를 끊고 사탄과 교제를 시작했다는 점이다.

이러한 인간의 타락은 우선 인성에 영향을 주고 다음은 다른 피조 영역에 영향을 끼쳤다. 특히 '개인적'으로는 인간이 욕망과 이기주의의 노예가 되었으며 가치관과 인생관이 세속적이고 인본주의적으로 되었다. '집단적'으로는 오늘날에도 여실히 드러나고 있는 인종 차별, 기아와 전쟁, 부정과 부패, 향락적 세속 문화 같은 열매를 맺게 되었으며, 무엇보다 하나님을 떠나 우상을 섬기거나 거짓 종교들을 만들게 되었다.

타락 사건은 '땅'도 저주를 받아 가시와 엉겅퀴를 내게 했으며, 자연과 인간의 조화로운 관계도 단절시켜버렸다. 인간과 자연의 분리는 인간과 자연을 조화롭게 개발하지 못하게 했으며 인간이 자기 욕망을 위해서 자연을 정복하게 했다. 여기에 환경 오염과 생태계 파괴의 근본 원인이 있는 것이다. 나아가 죄는 '역사'와 '문화'에 영향을 주어 과거의 인류사를 피와 정복, 지배의 역사가 되게 하고 인간으로 하여금 개인의 문화로부터 욕망 성취와 우상 숭배의 탕자 문화, 바벨탑 문화를 형성하게 했다.

구속

구속은 이 세계가 변화될 궁극적인 모습을 보여주는 것으로 다음과 같은 명제로 설명될 수 있다. 첫째, 구속은 하나님께서 독생자 예수 그리스도를 이 땅에 보내어 인류에게 대속의 은총을 베풀게 하심으로 인류를 죄에서 구속하신 사건이다. 둘째, 구속의 축복은 하나님의 은혜를 입은 자만 받는다. 그 은혜를 받은 자는 하나님의 자녀가 되어 인생의 본분을 알고, 하나님과 삶과 세계에 관한 바른 진리를 성경과 성령의 감동으로 알게 된다. 셋째, 예수 그리스도의 구속은 세계와 문화, 역사에 근본적인 변화를 주어 우상의 모습에서 하나님을 경외하는 것으로 방향 전환을 하게 하며, 현재적인 하나님 나라는 물론 앞으로 임할 온전한 하나님의 나라를 보여주고 제공한다.

구속의 중심은 예수 그리스도의 성육신과 십자가, 부활인데 이것은 존재론적으로 볼 때 다음과 같은 의미가 있다. 창조는 하나님과 인간이 창조주와 피조물의 관계로 서로 뛰어넘을 수 없고, 타락은 인간이 스스로 하나님이 되고자 한 사건이고, 구속은 하나님께서 인간이 되신 사건이다. 타락은 우리가 죄로 인해 죽은 사건이고, 구속은 예수 그리스도께서 우리를 위해 죽은 사건이다.

구속 사건은 탕자였던 우리 인간을 하나님께 돌아오도록 길을 마련하여 초청하신 사건이다. 구속의 은총을 입은 자는 다 하나님께 돌아가서 창조 때 주신 사람의 본분대로 살게 되는 것이다. 인간은 타락으로 인해 허무한 데 굴복하고 썩어짐의 종노릇을 하고 살았으며 무엇으로도 만족할 수 없는 영적 공허를 가지고 살았다. 그러나 이제 구속받은 백성은 이런 공허를 예수 그리스도로 채우고 하나님께 영광을 돌리며 살아가게 된다. 또한 구속은 인간을 타락 이전의 위치로 돌려줌으로써 창조 때 주신 문화적인 명령을 충분히 수행하게 한다.

예수 그리스도의 구속은 인류에 대한 의미 외에도 역사와 문화에 주는 의미도 크다. 특히 타락으로 손상되었던 만유를 회복시켜주고 하나님을 경외하고 주님께 영광이 되는 구속의 문화(기독교 문화)를 형성하게 한다. 구속 사건은 그리스도와 그의 복음만이 진정한 의미에서 세계와 역사를 오늘날도 변화시킨다는 것을 보여준다. 또한 타락으로 인해 왜곡되고 흐려졌던 세계관을 회복시키고 학문의 기초와 방향도 새롭게 세운다. 학문의 기초는 하나님의 말씀 계시요, 학문의 주인은 예수 그리스도이시고, 학문의 결과와 목적은 바벨탑이 아니고 하나님의 영광과 이웃 사랑임을 알게 한다. 구속이 세계관에 주는 궁극적인 의미는 이 세계가 언젠가 사라지고 그 이후에 진정한 의미의 하나님 나라인 새 하늘과 새 땅이 도래한다는 점을 말하는 것이다.

기독교 세계관은 성경적 세계관이다. 기독교 세계관은 구속받은 자가 구속으로 회복된 관점과 시각을 가지고 믿음의 눈으로 성경이라는 안경을 쓰고 이 세상을 보는 것이다. 예수 그리스도의 구속은 우리를 구원하여 하나님의 백성이 되게 하는 것이지만, 그때 우리는 오로지 영혼 구원, 교회 중심, 내세 지향의 길에만 서게 되는 것이 아니라 창조 때 하나님께서 세우신 목적과 과제를 충실히 이행하여 주님께 영광을 돌리는 일도 하게 한다. 그러므로 우리는 현세, 즉 삶의 전 영역에서 하나님의 선하심과 경륜을 보고 하나님의 주권을 인정해야 한다. 길가의 풀 한 포기에서부터 세계의 불가사의한 사건에 이르기까지, 나 개인의 삶에서부터 우주적인 사건에 이르기까지 하나님의 주권적인 섭리를 보아야 한다. 그리고 삶의 전 영역 곧 학문, 과학, 예술, 정치, 경제, 노동, 교육, 가정, 문화 등 모든 영역에서 하나님의 주권을 인정하고 창조주이신 하나님을 진심으로 예배하고 찬양해야 한다.

   신앙이란 지엽적이거나 일시적인 변화가 아니라 총체적이고도 영속적인 변화다. 교회에서의 삶과 신앙의 좁은 영역에서만 하나님을 섬기고 그 밖의 모든 사회적 삶을 비신앙적인 자세나 무관심한 태도, 도피의 자세로 일관하는 것은 예수 그리스도의 주권을 제한하는 잘못을 범하고 온전한 성도의 삶을 살지 못하는 것이다. 신앙과 생활의 분리 또는 이원화는 한국 교회에 지배적이어서 기독교 세계관에 대한 정립이 절실하다.

   이원화 또는 이분화한 생활을 하는 것은 창조-타락-구속의 기본 구도를 도입해볼 때 신분과 신앙은 구속의 영역에 속하지만 자세와 삶은 여전히 구속받지 못한 타락의 영역에서 사는 것이다. 현대 교회 성도들의 대부분이 현 세상은 사탄과 죄악이 지배하는 세상이므로 나그네 의식만 지니고 내세 지향적인 삶을 산다고 하는 편향적 자세를 지니고 있다. 그러나 이것은 그릇된 깨달음과 가르침에서 온 오해나 무지다. 바른 세계관을 정립하고 삶을 살도록 해야 한다.

   그동안 기독교는 현실 문제와 사회 문제를 무시하거나 방관하였기 때문에 무신론 및 인본주의 정신과 그 학문에 이 영역을 내버려둔 점이 없지 않다. 그러나 이제 그리스도인 자신이 우리의 신앙과 삶의 전 영역에서 예수 그리스도의 주권을 인정하고 구속받은 자답게 살아야 한다. 나아가 세계와 인간의 삶 속에서 하나님으로 말미암아 감추어진 부요를 잘 발견하여 발전시켜 나가야 한다. 구속의 관점에서 타락의 세상을 보아야 하고, 아직 그리스도를 알지 못하는 이들과 우리의 삶도 보아야 한다.

결론적으로 프랜시스 쉐퍼가 말한 대로 사상은 결과를 낳는다. 바른 영성과 바른 세계관은 그것이 지향하는 역사를 이룰 것이다. 성경적 세계관은 그리스도인으로 하여금 만유에 대해 구속받은 자의 시각을 지니게 하고, 삶의 총체적 영역을 구속받은 자로 살게 하며, 사회와 세상을 변하게 하는 개혁자가 되게 한다. 부단히 하나님의 말씀에 귀를 기울이고 하나님의 세계와 마음을 배우고 깨달아 변화되어 헌신하게 된다. 따라서 성경적인 세계관은 성경에서 나와서 성경으로 돌아가는 것이며, 사유와 묵상을 통하여 하나님의 성품과 뜻을 드러내고 하나님의 뜻을 이루어가는 것이다.

나눔과 적용

- 성경적인 시각으로 만물을 바라보는 태도는 무엇인가(롬 12:2)?
- 세계 역사를 바라보는 성경적 세계관의 기본적인 구조는 무엇인가?

제19장
참된 영성의 추구

그러므로 형제들아 내가 하나님의 모든 자비하심으로 너희를 권하노니 너희 몸을 하나님이 기뻐하시는 거룩한 산 제물로 드리라 이는 너희가 드릴 영적 예배니라 너희는 이 세대를 본받지 말고 오직 마음을 새롭게 함으로 변화를 받아 하나님의 선하시고 기뻐하시고 온전하신 뜻이 무엇인지 분별하도록 하라(롬 12:1~2)

오늘의 시대를 영성의 시대라고 부른다. 사도 바울은 "너희 몸을 하나님이 기뻐하시는 거룩한 산 제물로 드리라 이는 너희가 드릴 영적 예배니라"(롬 12:1)고 했다. 이것은 "무슨 일을 하든지 마음을 다하여 주께 하듯 하고 사람에게 하듯 하지 말라"(골 3:23)는 말씀과도 일치한다. 이것이 참된 생활의 영성이다. 우리는 영적인 삶을 추구해야 한다. 하루하루의 삶이 영적인 삶이 되어야 한다.

영성은 하나님의 뜻에 불순종하는 세상의 방식인 '세속적(Earthly)'이라는 단어와 구별된다. 그래서 영적인 삶은 하나님의 뜻에 순종하는 세상의 방식과 삶의 태도를 말한다. 결국 영성이란 하나님께 순종하는, 구원받은 백성들의 바른 삶의 모습을 말하는 것이다. 우리 주변에서 사용하는 영성이란 하나님께 속한 것을 말한다. 어떤 이들은 성령과 성령의 은사와 관계 있는 것으로 말하는 경우도 있다. 그러나 이런 영성은 편협한 의미이며, 참된 영성이라고 할 수 없다. 참된 영성을 이해하기 위해서 참된 영성이 아닌 것은 어떤 것들이 있는지, 참된 영성은 무엇인지 성경적이고 역사적인 관점에서 살펴보고, 오늘의 상황에서 참된 영성을 어떻게 적용할 수 있는지 알아보자.

참된 영성과 하나님의 형상

당신은 영성이 좋은 사람인가?

신비적이고 비범한 체험이 많을수록 영성이 좋은 사람이라고 생각하는 경우가 있다. 그러나 참된 영성은 엣세네파 같은 수도원주의나 은사주의가 아니다. 금욕주의나 고행주의도 아니다. 신비한 은사적인 측면에서의 방언, 입신, 영서, 통역, 예언, 투시, 신유, 영 분별 등과 같은 신비적 체험을 믿음이나 구원과 연결하여 구원받은 증거를 가시적이고 신비한 방법인 방언을 통해 알 수 있다고 말하는 사람도 있다. 그러나 구원은 하나님과의 진정한 연합의 관계다. 마치 혼인과 같이 이해할 수 있다. 즉 하나님께서 보내신 예수 그리스도를 믿음으로 영접하는 것이다.

성경에 나타난 영성
아브라함의 나그네 영성

"여호와께서 아브람에게 이르시되 너는 너의 고향과 친척과 아버지의 집을 떠나 내가 네게 보여 줄 땅으로 가라 내가 너로 큰 민족을 이루고 네게 복을 주어 네 이름을 창대하게 하리니 너는 복이 될지라 너를 축복하는 자에게는 내가 복을 내리고 너를 저주하는 자에게는 내가 저주하리니 땅의 모든 족속이 너로 말미암아 복을 얻을 것이라 하신지라 이에 아브람이 여호와의 말씀을 따라갔고 롯도 그와 함께 갔으며 아브람이 하란을 떠날 때에 칠십오 세였더라"(창 12:1~4).

"아브람이 롯에게 이르되 우리는 한 친족이라 나나 너나 내 목자나 네 목자나 서로 다투게 하지 말자"(창 13:8).

부지중에 천사를 대접한 일

"여호와께서 마므레의 상수리나무들이 있는 곳에서 아브라함에게 나타나시니라 날이 뜨거울 때에 그가 장막 문에 앉아 있다가 눈을 들어 본즉 사람 셋이 맞은편에 서 있는지라 그가 그들을 보자 곧 장막 문에서 달려나가 영접하며 몸을 땅에 굽혀 이르되 내 주여 내가 주께 은혜를 입었사오면 원하건대 종을 떠나 지나가지 마시옵고"(창 18:1~3).

모세의 해방의 영성

"내가 내려가서 그들을 애굽인의 손에서 건져내고 그들을 그 땅에서 인도하여 아름답고 광대한 땅, 젖과 꿀이 흐르는 땅 곧 가나안 족속, 헷 족속, 아모리 족속, 브리스 족속, 히위 족속, 여부스 족속의 지방에 데려가려 하노라"(출 3:8).

호세아의 사랑(헤세드) 실천의 영성

"오라 우리가 여호와께로 돌아가자 여호와께서 우리를 찢으셨으나 도로 낫게 하실 것이요 우리를 치셨으나 싸매어 주실 것임이라 여호와께서 이틀 후에 우리를 살리시며 셋째 날에 우리를 일으키시리니 우리가 그의 앞에서 살리라"(호 6:1~2).

세례 요한의 종말론적 영성과 광야에서의 금욕적 영성, 회개의 영성

"그 때에 세례 요한이 이르러 유대 광야에서 전파하여 말하되 회개하라 천국이 가까이 왔느니라 하였으니 그는 선지자 이사야를 통하여 말씀하신 자라 일렀으되 광야에 외치는 자의 소리가 있어 이르되 너희는 주의 길을 준비하라 그가 오실 길을 곧게 하라 하였느니라 이 요한은 낙타 털 옷을 입고 허리에 가죽 띠를 띠고 음식은 메뚜기와 석청이었더라 이 때에 예루살렘과 온 유대와 요단 강 사방에서 다 그에게 나아와 자기들의 죄를 자복하고 요단 강에서 그에게 세례를 받더니 요한이 많은 바리새인들과 사두개인들이 세례 베푸는 데로 오는 것을 보고 이르되 독사의 자식들아 누가 너희를 가르쳐 임박한 진노를 피하라 하더냐 그러므로 회개에 합당한 열매를 맺고 속으로 아브라함이 우리 조상이라고 생각하지 말라 내가 너희에게 이르노니 하나님이 능히 이 돌들로도 아브라함의 자손이 되게 하시리라 이미 도끼가 나무 뿌리에 놓였으니 좋은 열매를 맺지 아니하는 나무마다 찍혀 불에 던져지리라 나는 너희로 회개하게 하기 위하여 물로 세례를 베풀거니와 내 뒤에 오시는 이는 나보다 능력이 많으시니 나는 그의 신을 들기도 감당하지 못하겠노라 그는 성령과 불로 너희에게 세례를 베푸실 것이요 손에 키를 들고 자기의 타작 마당을 정하게 하사 알곡은 모아 곳간에 들이고 쭉정이는 꺼지지 않는 불에 태우시리라"(마 3:1~12).

하나님과 예수님의 하나 됨의 영성과 성육신의 실천적 영성

"말씀이 육신이 되어 우리 가운데 거하시매 우리가 그의 영광을 보니 아버지의 독생자의 영광이요 은혜와 진리가 충만하더라"(요 1:14).

영성과 학자들의 여러 가지 견해

칼 라너(K. Rahner)는 "영성이란 인간이 창조 때부터 창조주 하나님으로부터 지음 받은 초자연적 생명이며, 세례로 말미암아 죽었던 속사람의 생명이 다시 소생하여 살아난 은총의 생명으로, 성체 성사를 통하여 끊임없이 성장 성숙하는 실제적, 초자연적, 불멸적 생명이다"라고 말했다.

오성춘은 '영성은 우리 속에 이루어지는 어떤 성품이라기보다는 하나님과 교제하는 삶의 과정이요, 하나님의 성령께서 우리를 고쳐 나가시는 과정이요, 성령의 역사로 이루어지는 하나님의 형상이요, 예수 그리스도와 함께 자기 십자가를 지고 고난 받는 형제, 자매들 속에 나아가 그들의 삶에 참여하고 그들을 구원하시는 하나님의 구원에 동참하는 것이다'라고 정의했다.

한성기는 영성이란 '인간 속에 이루어지는 어떤 성품이 아니라 성령의 역사로 이루어지는 하나님의 형상이요, 하나님과의 인격적인 교제의 과정이요, 예수 그리스도를 삶과 인격으로 닮아가는 과정'이라고 했다.

브레들리 홀트는 '영성이란, 특별한 형태의 기독교 제자도'라고 말한다.

류종기는 '영성이란 예수 그리스도의 삶을 오늘 우리의 삶 속에서 재현해내는 '제자의 길' 이고 '따름' 이며, 마음속에 예수 그리스도의 마음을 소유하는 일이며 그의 마음에 동참하고 더 나아가서 그의 마음과 일치하는 경지에까지 도달하는 일이다. 그러므로 성경적인 참된 영성은 지식과 감정과 실천 모두를 포괄하는 전인적인 것이어야 한다. 전인적이며 총체적인 영성으로, 바로 우리가 추구해야 할 성경적인 영성이다'라고 주장한다.

참된 영성으로서의 하나님의 형상

창세기 2장 7절에는 '여호와 하나님이 땅의 흙으로 사람을 지으시고 생기를 그 코에 불어넣으시니 사람이 생령이 되었다'고 한다. 인간은 땅의 흙과 생기로 구성되어 있다. 하나님께서 생기를 불어넣으셨다. 생기를 직역하면 '생명의 호흡'이다. 생기는 하나님을 알게 하는 생명, 하나님과 관계를 맺게 하는 생명, 예수 안에 있는 생명, 바로 영적 생명이다. 호흡은 숨이나 기운으로, 생명과 연결된, 생명의 활동력이다. 호흡하고 있는 한 보고, 듣고, 느끼고, 말하고, 생각하고 행동할 수 있는 생명의 활동력인 혼적인 작용을 한다. 특별히 사람에게만 생기를 불어넣으셔서 비록 흙이지만 영적인 세계에 계시는 하나님을 알게 하고, 하나님의 영광을 누리도록 고귀한 존재가 되게 하셨다는 것이다. 생명의 호흡이라고 하는 영적 감각 기관을 통해서 하나님의 음성을 듣고 하나님을 보고 하나님을 체험하고 하나님의 지혜를 얻을 수 있고 하나님의 능력을 힘입을 수 있고 신령한 복을 누릴 수 있게 하신 것이다.

창세기 1장 26~27절의 하나님 자신의 형상을 따라서 지으셨다는 것은 사람으로 하여금 하나님 자신을 닮도록 하셨다는 뜻이다. 하나님의 창조 안에서 하나님의 형상대로 지음 받은 것은 오직 사람뿐이었다.

"하나님이 미리 아신 자들을 또한 그 아들의 형상을 본받게 하기 위하여 미리 정하셨으니 이는 그로 많은 형제 중에서 맏아들이 되게 하려 하심이니라"(롬 8:29).

이것이 하나님의 목적이다. 하나님께서는 이 수많은 아들들이 모두 아들을 닮기를 원하신다. 하나님의 계획은 사람을 얻는 것이다. 그런데 노아 홍수 전에 사람이 범죄함으로 하나님의 형상인 신적인 본성이 죽었다(창 6:3). 노아 홍수 심판은 산 사람을 대상으로 죽음의 심판을 하신 것이 아니라 이미 죽은 사람을 장례한 것이며 물로 쓸어버리신 것이다.

영성은 바로 잃어버린 하나님의 형상을 회복하는 것이다. 하나님의 형상의 본질적인 부분은 "하나님은 사랑이심이라"(요일 4:8), "네 마음을 다하며 네 목숨을 다하며 힘을 다하며 뜻을 다하여 주 너의 하나님을 사랑하고 또한 네 이웃을 네 자신같이 사랑하라"(눅 10:27), "네 대답이 옳도다. 이를 행하라 그러면 살리라"(눅 10:28)라는 예수님의 말씀같이 사랑이 근간을 이루고 있다.

정리하면 성경적인 영성은 하나님과의 관계에 기초를 둔다. 그래서 먼저는 예수 그리스도의 마음을 소유하고 예수 그리스도 안에서 구체화된, 하나님의 형상을 본받는 삶을 살 때 창조적 변혁의 힘을 체험할 수 있다. 그 힘은 예수 그리스도의 삶을 우리의 삶 속에서 재현해내는 제자의 길이고, 예수 그리스도 안에서 '하나님과의 연합을 추구하는 신앙의 삶'이라고 할 수 있다.

영성의 역사적 흐름

한국 교회 안에는 매우 복잡하고 다양한 영성들이 존재하며 또한 다양한 흐름이 있다.

경건주의 영성

한국 교회의 영성은 19세기에 일기 시작한 유럽 경건주의 영성의 영향을 받았다. 개혁주의 신학의 영성은 하나님 중심의 삶을 강조하나 내적 변화와 기쁨이 없는 타율적인 명목상의 신앙으로 변질되었다. 그리스도인의 삶 속에서 하나님의 뜻이 구현되고 하나님의 영광이 드러나는 것을 진정한 영적인 삶으로 이해는 하였으나 능력이 결여된 윤리적인 신앙인이 되는 것으로 만족하였다. 바른 영성 운동의 기초를 확립하기 위해 개혁주의 신학은 세상과 역사에서 책임 의식이 확고한 영성 운동의 장점을 살리는 바른 영성을 위한 신학적 체계를 형성시켜야 할 것이다.

오순절 경험주의 영성

한국 교회 안에서 가장 크게 영향을 미친 영성 운동은 오순절 영성 운동 또는 성령 운동이다. 오순절적 영성 운동은 성령을 받는 것에 초점을 둔다. 영적이고 능력이 충만한 사람은 곧 성령의 은사를 받아 방언과 예언과 건강과 축복과 명예와 기적과 귀신을 쫓아내고 병자를 고치고 이적을 행할 수 있으며, 그럴 때 영성이 깊은 것으로 이해한다. 오순절 영성 운동은 거의 모든 교파 안에서 매우 쉽게 발견할 수 있다. 이 영성 운동의 예배나 집회는 대단히 뜨겁고 정열적이다. 이 영성 운동은 성공에 대한 소망과 결부되어 있고 기복 신앙이 중심에 자리 잡고 있기 때문에 대중성을 갖고 있고 다수의 대중을 모으는 힘을 발휘했다. 그러나 기복적인 요소를 많이 지니고 있고, 다른 형태의 영성 운동에 비해 사회 의식이 많이 결여되고 있으며, 개인적 욕망과 욕심이 영성과 결탁되는 문제점을 갖고 있다.

근본주의적 역사적 영성

신앙의 절개를 위하여 일제 치하에서 순교적인 신앙으로 일제에 맞서 신사참배 반대에 앞장선 것은 신앙의 전통성 위에 세워진 근본주의 신학의 영성이다. 근본주의 영성 운동은 인간의 내면을 깊이 성찰하여 인간의 내면에서 일어나는 죄악을 억제하고 죽이며 성화에 이르려고 하는 영성 운동이다. 토마스 아 켐피스의 『그리스도를 본받아』를 보면 이 운동의 중요한 특징을 살펴볼 수 있는데, 십자가의 그리스도를 묵상하면서 그리스도의 온전함에 이르고자 하는 영성 운동이다. 청빈을 중요한 삶의 덕목으로 생각하고 가난한 마음속에 진정한 천국이 이루어진다고 믿는다. 성 프랜시스의 삶에서 볼 수 있는 것처럼 자신의 재산을 가난한 사람들에게 다 나누어주고 그리스도를 따르려고 한다.

실천적 해방 영성

실천주의 해방의 영성은 라틴아메리카 해방 신학자들의 입장이다. 억눌려 있는 사람들, 제국주의적 지배 질서로 희생되고 있는 제3세계의 사람들을 해방시키는 역사 속에 진정한 영성이 있다고 생각하는 정신이다. 라틴아메리카에서 해방의 영성 운동은 교회의 차원을 넘어 하나의 구체적인 정치적 운동으로 나타난 바 있다. 특별히 한국에서는 민중 신학이 발전하면서 해방 영성이 민중의 영성과 결합되었다. 민중을 의식화시켜 민중으로 하여금 스스로 주체 의식을 갖게 하고 역사를 바꾸는 영성으로 나타나는 사회적, 역사적 차원의 영성 운동이다.

생태학적 영성

영성은 하나님과의 관계만이 아니라 삶의 현장인 자연과의 관계 속에서 파악해야 한다. 생태계에 대한 현대인들의 새로운 통찰은, 모든 존재는 독립된 개체가 아니라 만물이 서로 정교하게 그물처럼 서로 연계되어 있음을 발견했다. 왜 느릅나무는 계절마다 600만 개의 낙엽을 싹 틔우는 것일까?

　자연과의 조화를 잃어버린 것은 현대사회가 가지고 있는 병이다. 그러므로 인격의 분열은 자기 파괴로 이어지며 곧 주위의 환경 파괴로 확산된다. 환경 파괴와 생태계의 위기는 산업화의 결과다. 그러나 사람들이 빈곤과 기아로부터 어느 정도 해방되려고 하는 순간에 인간과 자연의 생존을 위협하는 공해의 발생과 자원의 고갈, 인류의 생존을 위협하는 새로운 위기에 직면하게 되었다. 생태학적 영성은 주위의 환경 파괴가 곧 자신의 파괴로 이어진다는 점을 자각하고 모든 생명체가 자연과 공생(共生) 관계에 있음을 강조한다.

개혁주의 영성

　개혁주의의 참된 영성은 전인격적이며 총체적인 삶이다. 지금까지 여러 가지 영성의 방향을 살펴보았다. 경건주의 영성은 말씀 중심의 바른 성경관의 신학을 주었으며, 오순절적 경험주의 영성 운동은 성령의 능력과 믿음의 역사에 초점이 있고, 근본주의 영성 운동은 그리스도의 온전한 모습을 닮으려 했고, 해방의 영성 운동은 사회적·역사적 맥락을 갖고 있는 영성 운동이라는 데 큰 장점이 있다. 그러나 각각은 한쪽으로 치우쳐 있다. 참된 영성에 대하여 김경재는 "다차원적인 존재로서 인간이 자신의 생명을 둘러싸고 구성하는 자연, 사회, 동료 인간과 하나님과의 교통과 만남 속에서 창출해내는 전인격적인 생명의 약동이요 반응이다"라고 하였다.

　개혁주의 영성은 하나님과 나 자신, 이웃, 자연과의 전인격적이며 총체적인 삶이다. 참된 영성은 탈세상적이나 탈역사적인 것이 아니라 지금 여기에서 우리의 삶으로 표현되어야 한다. 그러므로 영성이 깊은 교회는 믿음과 사랑이 충만한 교회인 동시에 하나님의 영광을 드러내고 하나님의 나라를 구현시키기 위해 힘을 다하는 실천적인 삶의 영성을 드러낸다 (롬 12:1).

어떻게 영성을 계발할 것인가?

성경적 영성은 예수 그리스도와 맺는 신비적인 연합(거듭남)에서 시작된다. 그리스도를 만난 새사람이라 할지라도 영적인 원리를 따라 살기에는 어린 영적 존재이기 때문에 반드시 성장의 원리에 따라 영적으로 성숙해야 한다. 성경적 영성 계발을 위해 필요한 것은 다음의 세 가지다.

말씀

"하나님의 말씀과 기도로 거룩하여짐이라"(딤전 4:5).
성령은 하나님의 말씀의 방편들을 통해 크게 역사하고 그들을 성령의 사람으로, 영적인 사람으로 만든다. 하나님의 말씀을 떠나서 얻어지는 것은 바른 영성이 아니다. 참된 영성을 갖기 원하는 사람은 하나님의 말씀의 방편들과 깊이 접맥해야 한다.

기도

참된 영성은 성경이라는 객관적 표준에 대한 깊은 이해와 교회라는 공동체의 도움, 개인의 기도 생활이라는 개인적 경험이 결합되어 형성된다. 기도 생활을 통해서 예수 그리스도의 장성한 분량에까지 자라가는 것이다. 또한 그리스도인들은 기도 생활을 통해서 성령의 능력을 얻고 불가능한 것을 가능하게 하는 하나님의 능력과 도움에 대한 깊은 확신에 이르게 된다. 기도를 통한 하나님과의 만남 속에서 그리스도인은 영적인 사람으로 성숙하게 된다. 만남은 언제나 상호간의 대화이기 때문에 우리는 하나님의 말씀을 먼저 들어야 하고 동시에 자신이 원하는 바를 하나님께

구해야 한다.

공동체

성경적 영성은 일반적으로 교회라는 공동체 속에서 얻어진다. 교회는 그리스도인을 양육하는 성령의 도구이고, 성도들의 어머니인 동시에 성도들의 영성의 핵심이다. 성도들은 찬양을 통해 영성이 깊어지고 영적인 사람으로 거듭난다. 교회의 교육과 친교 역시 성도들의 영성을 형성하는 결정적이고 중요한 성령의 도구들이다. 바른 교육은 바른 영성을 심어주고, 거룩한 성도들과의 사귐은 거룩한 꿈을 갖게 하며 거룩한 삶을 사랑하게 만든다. 거룩한 성도들과의 사귐은 영성이 활성화되고 깊어지는 통로다. 순교자들의 공동체는 그리스도를 위해 죽을 수 있는 영성이 살아 움직였던 공동체였다.

영적 생활을 위한 적용

현대는 영적 생활에 대한 실천적 사항들이 가장 활발하게 연구되며 논의되는 시대다. 성경적 영성을 구체적으로 설명하면 다음의 두 가지가 핵심이다.

믿음의 영성

성경적 영성의 첫 번째 특징은 믿음이다. 풍랑을 만나 두려움에 사로잡힌 제자들을 위해 예수님께서는 바람과 바다를 잠잠하게 하셨다. 바람과 파도를 잠잠하게 하신 예수님께서는 제자들을 향해 "어찌하여 이렇게 무서워하느냐 너희가 어찌하여 믿음이 없느냐"(막 4:40)라고 꾸짖으셨다. 진정한 믿음은 두려움을 몰아내고 광풍이 불어오는 바다 속을 유유히 지날 수 있는 능력이다. 참된 영성은 믿음이 핵심이다.

사랑의 영성

성경적 영성의 두 번째 특징은 사랑이다. 사랑은 세상에 평화를 만들고 전쟁과 죽음을 몰아내며 생명의 세계를 만든다. 성령은 믿음 속에서도 역사하지만 사랑을 통해서도 강력하게 역사한다. 어떻게 힌두교의 나라가 테레사 수녀의 죽음을 슬퍼하면서 국장으로 장례를 치르게 했겠는가? 이렇게 힌두교의 나라에서 테레사 수녀가 힌두교도들을 감동시켰겠는가? 테레사의 영적인 힘은 사랑이었다.

"우리 가운데 굶주린 자가 있는 것은 우리가 나누어주지 않았기 때문입니다."

생명 앞에서의 경외라는 슈바이처의 영성은 사랑의 영성으로 아프리카 가봉의 랑바레네에 병원을 세우고 흑인들의 생명을 살리는 일을 했다. 1952년 그는 노벨 평화상의 상금으로 한센환자 마을을 만들어 치료하였다. 슈바이처의 영성은 생명을 사랑하는 정신이었다.

헨리 나우웬은 예일 대학을 떠나 내전 중인 남미의 칠레로 향했고, 하버드 대학을 떠나 프랑스 파리에 본부를 둔 정신 박약 장애자 공동체, 라르쉬의 캐나다 토론토 공동체인 데이브레이크에서 장애인들을 섬겼다.

제자도

유진 피터슨은 "예수 그리스도 안에서 살아 있는 것 자체가 영적인 것"이라고 했다. 참된 영성은 예수 그리스도의 형상을 이루도록 내면적인 성품을 만들어가는 것이다. 그리스도를 따른다는 것은 영성보다 더 큰 개념이다. 제자도의 순종하려는 의지는 영성이라는 화차를 끄는 기관차와 같다. 하나님에 대해 아는 것이 아니라 하나님을 삶 속에서 경험하는 것이다.

그러나 오늘날의 크리스천들에게서 순종하는 제자도가 사라졌다. 윌라드는 「잊혀진 제자도」에서 모든 그리스도인은 제자가 되어야 한다고 말했다. 그러나 오늘날 이 땅에는 제자가 사라진 변종 기독교, 기독교 아류들이 팽배해 있다고 지적하였다. 그는 지금, 여기에서 하나님의 나라를 살아가는 그리스도인들은 참된 제자도를 회복해야 한다고 했다.

본회퍼가 말한 대로 순종이 없는 기독교는 예수 그리스도가 없는 기독교와 같다. 오늘날 우리에게 그릇된 신화가 있는데 제자가 되지 않고도 신자일 수 있다는 신화다. 은혜를 받으면 순종을 면제받는 것이 아니다. 뱀파이어 크리스천이란 구원을 위해 필요한 그리스도의 피에만 관심이 있을 뿐, 그리스도인으로서 순종하며 제자가 되어 합당한 삶을 사는 것에는 전혀 관심이 없는 크리스천들을 지칭하는 말이다. 제자가 되었을 때, 보이지 않는 영을 보이는 삶으로 살아낼 수 있다. 우리는 지금 마음과 삶이 변화되지 않고서도 그리스도인이 될 수 있는 편리한 시대에 살고 있다.

하나님의 나라

성경적 영성의 목적은 하나님의 영광을 드러내고 하나님의 나라를 구현하는 데 있다. 하나님의 나라를 구현하기 위해서는 예수 그리스도를 전하고 하나님 아버지를 알게 하는 것이 매우 중요하다. 참된 영성은 가난한 자를 살리고 포로 된 자를 자유케 하고 눌린 자를 자유롭게 하는 것이다. 기쁨과 생명이 넘치는 그곳에 성령이 계시고 참된 영성이 빛나고 있는 것이다(눅 4:18~19).

루터 킹 목사는 위대한 영적 인물이었고 깊은 영성의 소유자였다. 조지아의 붉은 언덕 위에 흑인과 백인이 함께 형제적 사랑으로 식탁을 나누는 세계를 만들고자 했던 킹 목사의 삶은 하나님의 나라를 구현하고자 했던 깊은 영적인 삶이었다.

나눔과 적용

- 성경적인 영성 계발을 위해 꼭 필요한 것은 무엇인가(딤전 4:5)?
- 풍랑을 만나 두려움에 사로잡힌 제자들에게 바다를 잠잠케 하면서 예수님께서 요구하신 것은 무엇인가(막 4:40)?

참고문헌

김남준, 『자기 깨어짐』, 생명의말씀사, 2006.
방선기, 『제자훈련의 이론과 실제』, 대한예수교장로회 총회출판부, 2004.
방선기 편저, 『일꾼양육성경공부』, 한세출판사.
서철원, 『하나님의 나라』, 총신대학교 출판부, 1993.
송인규, 『나의 주 나의 하나님』, 한국기독학생회 출판부, 1990.
옥한흠, 『다시 쓰는 평신도를 깨운다』, 두란노, 1998.
윤종하, 『묵상의 시간』, 성서유니온선교회, 1991.
이영두, 『기독교 영성 이해』, 은성출판사, 2000.
정원범 엮음, 『영성, 목회, 21세기』, 한들출판사, 2006.
편집부, 『성경공부 인도법』, 네비게이토출판사, 1980.
게리 W. 쿠네, 『제자 훈련의 시작과 진행』, 나침판사, 1992.
리로이 아임스, 『이렇게 전도하라』, 네비게이토출판사, 1991.
_____, 『제자 삼는 사역의 기술』, 네비게이토출판사, 1991.
_____, 『추수하는 일꾼』, 네비게이토출판사, 1986.
본회퍼, 허혁(역), 『나를 따르라』, 대한기독교서회, 1987.
빌리 행크스, 『제자도』, 나침판사, 1991.
빌리 행크스, 유용규(역), 『매일전도』, 생명의말씀사, 1992.
빌 도나휴, 『삶을 변화시키는 소그룹 인도법』, 국제제자훈련원, 2004.
알란 코페지, 김병제(역), 『우리는 제자사역을 어떻게 이해하고 있는가?』, 요단출판사, 1989.
오스카 톰슨, 『관계 중심의 전도』, 나침반출판사
제임스 사이어, 『세계관과 현대사상』, 한국기독학생회 출판부
제럴드 L. 싯처, 『하나님의 뜻』, 성서유니온선교회, 2003.

제임스 케네디, 티엠 무어 개정, 김만풍(역), 『전도폭발』, 생명의말씀사, 1990.
존 칼빈, 김문제(역), 『기독교 강요』, 혜문사, 1982.
프랜시스 M. 코스그로브, 『제자의 삶』, 네비게이토출판사, 1984.
하워드 A. 스나이더, 김기찬(역), 『21세기 교회의 전망』, 아가페출판사, 1993.
『일대일 제자양육 성경공부』, 두란노, 1993.
『제자훈련과정 제 I - X 권』, 네비게이토출판사, 2000.
이재훈, 「마케팅 원리를 응용한 전도 : 맞춤전도집회」, <목회와 신학>, 통권 제230호, 2008년 8월.

기독교 교육총서 15
개혁주의 복음전도와 양육

초판 인쇄 · 2010년 3월 31일
초판 발행 · 2010년 4월 7일

지은이 · 박인식 목사

편집 · 대한예수교장로회총회 교육부
제작 · 대한예수교장로회총회 출판부
발행 · 대한예수교장로회총회

주소 · 서울시 강남구 대치2동 1007-3
전화 · (02)559-5655~7
팩스 · (02)564-0782
인터넷서점 · www.holyonebook.com
출판등록 · 가 제3-117호 1977. 7. 18

ISBN 978-89-8490-388-3 04230
      978-89-88327-33-3 (세트)

ⓒ2010, 대한예수교장로회총회
* 잘못된 책은 바꾸어 드립니다.